Edméa Ganem & Sylvia Jorge

CB133947

Mulheres Fascinantes Fascinadas Facetadas

Porto de Idéias
EDITORA

São Paulo, 2010

MULHERES
Fascinantes, Fascinadas, Facetadas

Edméa Ganem & Sylvia Jorge

Editor
Sebastião Haroldo de Freitas Corrêa Porto

Projeto Gráfico, Ilustração e Capa
Juliana Signal

Ilustração do anexo
Paty Rodrigues

Diagramação
Caroline Silva

Preparação e Revisão de texto
Lucas de Sena Lima

Dados Internacionais de Catalogação na Publicação (CIP)
(Câmara Brasileira do Livro, SP, Brasil)

Ganem, Edméa
Mulheres -- : fascinantes, fascinadas, facetadas / Edméa Ganem & Sylvia Jorge. -- São Paulo : Porto de Idéias, 2010.

ISBN 978-85-60434-79-4

1. Mulheres - Comportamento 2. Mulheres - Psicologia I. Jorge, Sylvia. II. Título.

10-06117 CDD-158.1082

Índices para catálogo sistemático:
1. Mulheres : Comportamento : Psicologia aplicada 158.1082

Todos os direitos reservados à
EDITORA PORTO DE IDEIAS LTDA.
Rua Pirapora, 287 – Vila Mariana
São Paulo – SP – 04008.060
Tel. (11) 3884-3814 Fax (11) 3884-5426
portodeideias@portodeideias.com.br
www.portodeideias.com.br
twitter.com/portodeideias

Nosso agradecimento a você que, com sua história de vida, nos inspirou a escrever esta história.

Sumário

Introdução 7

Dicas para leitura deste livro 11

Teste de identificação 13

Mulheres competitivas 17

Mulheres maternais 31

Mulheres sedutoras 45

Mulheres vítimas 61

Mulheres ciumentas 75

Mulheres mimadas 91

Mulheres naturais 107

Mulheres espiritualizadas 121

Capítulo para os homens 131

Capítulo de encerramento 143

Teste da bonequinha 149

Introdução

"Eu tenho pressa, tanta coisa me interessa,
mas nada tanto assim..."
Kid Abelha

Tempos agitados, inquietos, de muitas dúvidas e poucas certezas.

Afinal, a globalização, a tecnologia, a comunicação rápida, trouxeram muitas possibilidades. As distâncias foram diminuídas, os conhecimentos ampliados. Por outro lado, nossos valores foram questionados:

O que é certo ou errado?

Como encontrar a pessoa certa para amar?

Como criar os filhos?

Casamento ou carreira?

Ética ou dinheiro?

Como ser uma mulher atual e atuante sem deixar de lado o feminino?

E como dar espaço ao feminino sem esquecer das exigências da nossa época?

Como enfrentar problemas e ir à luta ao invés de ficar chorando o "leite derramado"?

Como assumir nossos próprios erros ao invés de tentar culpar o mundo pelas nossas mazelas?

Como conciliar tantas solicitações?

Afinal, o que querem as mulheres?

No filme *P.S. Eu te amo*, a personagem principal, quando questionada a esse respeito, responde:

Nem nós mesmas sabemos.

Parece ser essa, também, a resposta aos nossos questionamentos atuais. Isso nos leva a muitas buscas, por vezes confusas, numa eterna sensação de insatisfação e desconforto. Mas, se fossemos reduzir nossos questionamentos a um único foco, talvez a pergunta fosse:

O que todo ser humano quer?

E, a resposta, com certeza seria:

SER FELIZ!

Cada um tem a sua concepção do que é felicidade e como alcançá-la.

Para a maioria, a FELICIDADE está em conquistar bens materiais ou até mais abstratos, mas FORA DE SI MESMO.

Para uma minoria afortunada a busca da felicidade OCORRE NO SEU ÍNTIMO. Isto é: a felicidade está DENTRO DE SI e se irradia para fora.

Ser feliz é a capacidade de se estar bem a cada momento, independentemente das condições e limitações com que se tem que viver.

Mas, por que, então, a felicidade parece tão inatingível?

Por que parece um sonho, um fruto da idealização?

Por quê?

Porque, na maioria das vezes, não conhecemos o nosso "manual" de funcionamento e, pela ignorância, colocamos nos outros a responsabilidade pelo uso correto desse manual.

E aí começa a confusão.

E aí começa a tal história de que somos instáveis,
não sabemos bem o que queremos,
somos eternos insatisfeitos.

Temos que entender que o manual é NOSSO e ele não pode ser lido ANTES de se viver porque a vida não espera!

O manual vai sendo escrito à medida que vivemos!

Não dá para fazer rascunho, passar a limpo e depois viver uma vida linda, sem erros e impecável.

Ninguém chega ao mundo PRONTO!

E, a menos que você seja um profeta iluminado, irá viver e morrer bem antes de atingir a perfeição.

Enquanto não tivermos consciência disso tudo, cairemos em muitas ARMADILHAS, nos machucaremos e teremos que reavaliar nossas ações e sentimentos.

Essa é a forma como o mundo atua para nos fazer crescer!

Você já deve ter ouvido falar que o "Universo conspira a nosso favor"; pois é, acredite porque é verdade, mas "conspirar a favor" não significa nos dar sombra e água fresca.

Muito pelo contrário:

é nas horas de crise que nos superamos
e descobrimos que temos muito mais valor e força do que poderíamos supor.

E se não fosse pelos tropeços e armadilhas, permaneceríamos estagnados e imaturos esperando (sentados) que o mundo nos traga alento e soluções.

Mas, numa época em que "sabemos" tanto e fazemos tão pouco, como diminuir o número de armadilhas ou como sair delas da melhor forma possível?

O único modo é VIVENDO E OBSERVANDO.

Observar exige TEMPO, algo considerado raro atualmente.

Mas, sem observação, o tempo passa sem qualidade, só com velocidade e agitação. Sem a devida atenção, tropeçaremos nos mesmos obstáculos e cairemos nas mesmas armadilhas infinitas vezes, até que aprendamos.

Aí sim, estaremos perdendo tempo!

Por mais difícil que possa parecer a princípio,

OBSERVE TUDO, O TEMPO TODO.

Como?

Mantendo uma mente aberta, com atitudes coerentes com seus sentimentos.

Conheça melhor a si mesmo,

respeite seus limites, suas dificuldades;
não tema parecer ser "isso" ou "aquilo".

Tenha sinceridade e honestidade consigo mesmo para poder respeitar e conhecer o outro também.

Neste livro não temos a pretensão de criar um "manual" para desvendar outro "manual". (cada um faz o seu, lembra?)

Queremos somente compartilhar nossas observações de tantos anos de atendimento psicoterapêutico e convivência com nossas pacientes, amigas, filhas, mães, tias, vizinhas...

Queremos, com nossa experiência, facilitar ao menos um

passo da caminhada de tantas outras mulheres e alertar sobre as ARMADILHAS do caminho.

Queremos instigar esse "olhar" para nossas facetas desconhecidas (ou escondidas) e darmos risadas juntas das nossas fraquezas, pois, sem bom humor, a saída das armadilhas se torna muito árida e dolorosa.

Tempos agitados, acelerados, tempos sem tempo... e temos tudo ao nosso dispor!

Basta prestar atenção, ter bom senso e bom humor.

Basta apenas nossa boa vontade em ter uma vida de qualidade, com significação.

Basta nos auto-observarmos para desviar das armadilhas e ter coragem para caminhar.

Basta não buscarmos tudo com tanta pressa nem ficarmos parados esperando o "milagre" acontecer.

Basta mantermos uma mente curiosa e aberta ao que surge ao nosso redor, tendo um "olhar" amoroso e sem preconceito.

Simples, fácil e barato!

Torcemos, de verdade, para que todas as mulheres buscadoras descubram que vale a pena a jornada e que não adianta reclamar sobre os tempos atuais, pois é neste contexto que estamos e que vivemos!

Então, por que não caminharmos nessa estrada com uma leveza consciente?

NOTA DAS AUTORAS: os depoimentos contidos neste livro não são referentes a pessoas em particular. São ficcionais. Foram inspirados a partir de histórias ouvidas nos últimos 30 anos, dentro e fora do consultório.

Edméa & Sylvia

"...eu bem que mostrei a ela,
o tempo passou na janela e só Carolina não viu"
Chico Buarque de Holanda

Dicas para leitura deste livro

Este livro, embora pareça escrito exclusivamente para o sexo feminino, pode ser muito útil aos homens para que compreendam o que se passa pela cabeça e coração das mulheres com quem partilham esta jornada de vida. Portanto, homens, não se acanhem: sejam curiosos e façam bom uso desta ferramenta de esclarecimentos.

Este é um livro que pode ser lido em qualquer ordem de capítulo sem nenhum prejuízo ao seu entendimento. Teríamos muito prazer em saber que esta obra foi lida da primeira à última linha. Mas, querendo ir direto ao ponto que lhe fale ao coração, vá em frente!

Com o intuito de ajudar você a se identificar nos capítulos, começamos com um pequeno questionário/teste que, se respondido com honestidade, poderá fornecer dicas importantes sobre os perfis de mulheres que mais se encaixam com você. Em seguida há um exercício/teste com o mesmo objetivo. Volte à infância: pinte, recorte e vista a bonequinha (se quiser), e anote as vestimentas e acessórios com que você mais se identifica . A ideia é se divertir e descobrir (ou confirmar) com que tipo de mulher você mais se parece atualmente. Vamos lá, coragem!

Provavelmente você vai se identificar com mais de um dos perfis que estão descritos aqui. Ótimo! Sinal que as nuances estão misturadas em você. Geralmente trazemos dentro de nós "várias mulheres". O mais provável é que você se identifique em grande parte com um dos tipos, mas não de modo total, puro. E que os demais tipos adicionem alguns aspectos a sua personalidade.

Também é possível que você observe que superou alguns desses padrões tão comuns no desenvolvimento feminino mas não havia se dado conta de que tinha agido dessa ou daquela forma. Ao ler, poderá compreender o que viveu e os recursos que ativou para concretizar essa superação.

Você está iniciando uma nova jornada e esperamos que, ao terminar esta leitura, esteja mais apta e adaptada aos seus relacionamentos. Queremos, de coração, que esta "viagem lúdica" possa torná-la mais flexível para absorver os altos e baixos da vida com mais competência e menos trauma.

Preparada?

Boa sorte!

Teste de Identificação

	Atitude	Quanto me identifico			
1.	Obsessiva	1	2	3	4
2.	Independente	1	2	3	4
3.	Magoada	1	2	3	4
4.	Maternal	1	2	3	4
5.	Intelectual	1	2	3	4
6.	Mimada	1	2	3	4
7.	Vingativa	1	2	3	4
8.	Vítima	1	2	3	4
9.	Imatura	1	2	3	4
10.	Flexível	1	2	3	4
11.	Competitiva	1	2	3	4
12.	Amorosa	1	2	3	4
13.	Raivosa	1	2	3	4
14.	Realizadora	1	2	3	4
15.	Egoísta	1	2	3	4
16.	Dependente	1	2	3	4
17.	Cooperativa	1	2	3	4
18.	Arrogante	1	2	3	4
19.	Sensível	1	2	3	4
20.	Astuta	1	2	3	4
21.	Intuitiva	1	2	3	4
22.	Racional	1	2	3	4
23.	Manipuladora	1	2	3	4

1 – não me identifico
2 – raramente me identifico
3 – quase sempre me identifico
4 – me identifico totalmente

Antes de realizar este teste, reserve um tempinho e um local tranquilo só para você. Relaxe, tranquilize-se e, de forma sincera consigo mesma, observe e registre quanto cada atitude abaixo relacionada diz respeito a você. Não há respostas certas ou erradas; elas simplesmente mostram quais atitudes estão mais ativas no seu comportamento atual. Depois de terminar, veja a tabela de contagem para identificar o seu perfil.

Tabela de Resultados

Some os pontos ("quanto me identifico") que você tem em cada característica nas tabelas abaixo e veja quais atitudes estão mais ativas em você. Quanto mais próximo da pontuação máxima (36 pontos), mais esta atitude está ativa em você. Depois, leia o capítulo que mais se aproxima do seu perfil, ou seja, aquele onde você somou mais pontos.

A										
Atitude	2	5	11	13	14	19	21	24	25	Total
Pontos										

B										
Atitude	1	3	6	8	9	13	16	17	25	Total
Pontos										

C									
Atitude	3	4	10	12	17	18	20	23	25	Total
Pontos										

D									
Atitude	1	3	7	9	11	13	16	17	25	Total
Pontos										

E									
Atitude	9	10	11	14	16	19	21	23	25	Total
Pontos										

F									
Atitude	3	6	7	9	11	13	16	19	25	Total
Pontos										

Maioria de pontos	Perfil de mulher
A	Competitiva
B	Vítima
C	Maternal
D	Ciumenta
E	Sedutora
F	Mimada

Nota das Autoras

Ao ler os capítulos, voce verá que dois perfis de mulheres retratados neste livro foram deixados de fora desta tabela: as mulheres NATURAIS e as ESPIRITUALIZADAS.

As mulheres NATURAIS ficam de fora desta pontuação porque já se encontram num estágio acima das demais categorias. Mas, embora essas mulheres não tenham os sentimentos/atitudes negativas e aprisionantes das demais mulheres, ainda não podemos dizer que estejam totalmente integradas, pois lhes falta a prática de compartilhar com o outro o seu caminho, seus sentimentos e pensamentos. As NATURAIS vivem voltadas para o seu bem-estar e prazer, independentemente da presença ou da opinião do outro. Elas não são egoístas, não se comparam com os outros nem são apegadas à energia do outro. Simplesmente porque o outro não lhes interessa; não lhes faz falta; não lhes diz respeito. Elas não têm atitudes manipuladoras nem desejam o mal de ninguém e adoram as forças e seres da natureza. Não são destrutivas. Portanto, só o que lhes falta é integrar o outro ao seu mundo particular.

Quanto às ESPIRITUALIZADAS, também não entram nessa tabela por serem pessoas já totalmente integradas. Para entender melhor, leia o capítulo: "Mulheres espiritualizadas - um capítulo à parte".

"Eu sou pau prá toda obra
Deus dá asas à minha cobra
(...)
Porque nem!
Toda feiticeira é corcunda
Nem! Toda brasileira é bunda
Meu peito não é de silicone
Sou mais macho que muito homem"
(Pagu - Rita Lee)

Mulheres Competitivas

Depoimento A

"Sou uma mulher independente. Trabalho, ganho meu dinheiro, não preciso de um homem pagando nada para mim. Também não quero sustentar ninguém. Tomo minhas próprias decisões dentro e fora do trabalho e gerencio com competência minha vida.

Se for para casar, é para cada um cuidar de si e dividir todas as tarefas de casa. Aliás, não me agrada serviços caseiros como cozinhar, lavar, passar. Não tenho a menor paciência para ir ao supermercado e cuidar de crianças.

Se tiver filhos, vou colocá-los bem cedo na creche ou escolinha porque não vou largar meu emprego para ficar trocando fraldas. Ganho o suficiente para ter babá e cozinheira, para chegar em casa e encontrar meu filho já de banho tomado, alimentado e pronto para dormir. Mas pretendo tomar a decisão de ter um filho lá pelos 35 anos, quando estiver com a carreira já sólida e, também, já tiver viajado e me divertido bastante. Filho acaba com a liberdade e as economias da gente.

Não entendo porque está tão complicado encontrar um companheiro.Os homens se aproximam, chegamos a sair, ter um romance mas eles acabam se afastando, como se não quisessem ou tivessem medo de um relacionamento mais sério. Ou querem mandar em mim, e aí sou eu quem vai embora."

Depoimento B

"Não existe amizade entre mulheres. Quando entra um homem na parada, elas puxam o tapete. Mesmo quando esse homem não interessa a essa mulher, ela o seduz para "guardá-lo" como posse, como troféu pela sua conquista, como prova do seu poder de sedução."

O Fato

Em nossa sociedade, existe um modelo masculino (yang) que é transmitido aos homens desde que nascem e que visa treiná-los para a competição a fim de que aprendam a defender suas posses e propriedades (jogos competitivos, lutas, atividades para testar coragem e agressividade).

Eles são ensinados e valorizados por agir pela razão, inteligência, coragem e agressividade.

Existe, também, um modelo feminino (Yin) que treina as mulheres para a execução das funções do cuidar e do sentir, uma vez que a elas caberá a tarefa de criar e educar os filhos e gerar bem estar e conforto à família dentro do lar (bonecas, panelinhas, casinha, jogos cooperativos, atividades manuais, diários secretos).

São valorizadas e recompensadas pelas habilidades culinárias, manuais e pela delicadeza dos sentimentos.

"O homem pensa, a mulher sente.
O homem manda, a mulher obedece."

(já dizia meu bisavô...)

As gerações de mulheres do início do século XIX sentiam-se confortáveis com seu papel na sociedade, mas mudanças sócio-econômicas e culturais dos séculos XIX e XX (ex.: guerras mundiais, revolução industrial, modelos capitalista/socialista) fizeram com que as mulheres saíssem de seus lares e invadissem o espaço destinado aos homens no mundo dos negócios e da razão.

Mas como não havia um padrão feminino que servisse de modelo, as mulheres adotaram o padrão masculino e perderam o eixo do feminino. Tornaram-se mulheres

masculinizadas,
agressivas,
competitivas.

Tentaram até abolir ou menosprezar seus sentimentos mais delicados e profundos, mas acabaram levando para o trabalho uma boa dose de

inveja,
ciúmes,
possessividade,
hormônios da TPM.

Fisicamente passaram a ter mais problemas

nos ovários e útero,
menstruais,
cardíacos

pela tentativa de

negar ou
diminuir ou
desrespeitar
seu lado feminino/biológico.

É bastante comum ouvir subordinados comentando que "não tem coisa pior do que chefe mulher".

A mulher competitiva tem como tendência

a conquista,
a posse,
a vitória.

Ela deseja um companheiro que lhe respeite e satisfaça os desejos.

A família é vista como uma posse sua.

Ela IMPÕE as suas necessidades e DETERMINA o que os outros

precisam em vez de RECONHECER quais as reais necessidades práticas e emocionais daqueles que estão ao seu redor. Suas necessidades têm total prioridade sobre as demais, pois, afinal, ELA é quem trabalha, tem horários, paga babá e funcionários para que tudo siga seu rumo sem tirá-la dos seus compromissos intelectuais/profissionais. Ela se orgulha dos seus afazeres, do seu emprego, do seu salário, do seu status, das suas vestes, e compete com colegas de trabalho e com o companheiro e filhos.

A armadilha

Esse modelo masculinizado também acabou contaminando os relacionamentos fora do ambiente de trabalho.

Os homens veem uma mulher
bonita,
sedutora,
desinibida e
se aproximam.

Mas ouvem um discurso
pragmático,
competitivo,
agressivo
e se assustam.

Não sabem como lidar com essa mulher, não sabem satisfazê-la: se reagem com sedução, ela se ofende, pois quer ser reconhecida pela sua inteligência e intelectualidade; se reagem como um colega-homem, ela se ressente da falta de romantismo. E eles se afastam por não entender como agir; ou, para complementar papéis, assumem a parte mais frágil e sensível da relação. E ai a mulher se ressente porque aquele homem, que a primeira vista era tão adorável, agora se afigura como um ser dependente, que precisa ser cuidado. E a mulher se frustra por não encontrar no companheiro um homem capaz de lhe entender os sentimentos.

Ela se abstrai tanto das tarefas domésticas e dos cuidados com os filhos que, quando percebe, os filhos já cresceram e seu parceiro já se habituou a não tê-la ao seu lado por motivo de

relatórios,
reuniões,
viagens,
horas-extra.

Quando ela percebe, eles não contam mais com ela para partilhar opiniões, valores e sentimentos. E, quando tomam seu rumo na vida, ela percebe que o trabalho não é suficiente para preencher seu vazio emocional.

Se sente só, e ninguém se preocupa com ela, pois, afinal, ela foi sempre tão segura de si, tão autossuficiente, nunca precisou de ninguém.

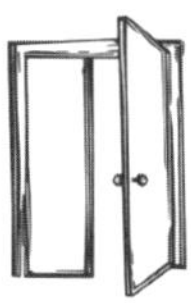

A saída

Se você identifica/reconhece esse padrão em sua vida, já deve ter percebido que esse comportamento a tornou uma mulher

masculinizada,
dura,
insensível,
com uma sensação de frustração,
insatisfação e
vazio emocional.

Se ainda não estiver neste estágio, acorde antes que ele se torne realidade!

A saída é reconhecer o valor do feminino. É construir uma personalidade onde o feminino encontre espaço para se manifestar. Isso não significa se vestir de cor de rosa da cabeça aos pés, fazer cara de "burrinha" e sair falando bobagens em tom infantilizado! Não é dessa caricatura de feminino de que estamos falando!

Mas de se tornar uma pessoa
mais sensível,
mais doce,
mais receptiva,
mais suave...

Descubra o poder e a delícia de poder
chorar,
sentir,
abraçar,
afagar e
se apegar às pessoas
ao invés de querer nascer homem na próxima encarnação...
Você deve se perguntar sempre:

* O que sinto a respeito das pessoas, objetos, situações? (Não é julgar as pessoas nem saber quanto ganham ou qual o cargo que ocupam na empresa, nem mesmo cobiçar e imaginar artimanhas para conseguir aquele cargo. Também não vale saber o preço de tal objeto ou viagem ou o que você vai poder "agregar de valor" ao seu currículo conhecendo determinada pessoa).

* Quais são as necessidades dos outros? (Não vale argumentos do tipo: "Eu é que sei o que é melhor para eles; eles não têm uma visão clara do futuro!")

* Do que os outros gostam? (Prestar atenção aos outros não vai fazer você 'perder seu tempo'; vai lhe abrir novas perspectivas)

* O que os outros sentem? (Não tenha preconceito! Ter sentimentos é o que o torna um ser humano!)

* O que posso fazer para agradá-los, para que os outros se sintam melhor? (não vale pagar uma viagem para os

filhos irem ao acampamento sozinhos, ou comprar um livro que ensine seu amigo a ter sucesso na empresa. A ideia é VOCÊ se dedicar a eles; é você se doar, estar perto, partilhar suas dores ou alegrias!)

RESUMINDO: volte seu foco, seu olhar, para as necessidades emocionais dos que estão ao seu redor, seja na família, no trabalho ou no círculo de amizades. Você deve desenvolver seus potenciais

de cuidar,
de sentir,
de estar presente,
de participar.

Você vai descobrir esse seu Lado B quando olhar para dentro de si sem medo de parecer piegas ou ridícula. E vai ver que esses talentos são muitos, esperando a oportunidade de se manifestar! Depois de um tempo, vai até gostar deles!

Você deve entrar em contato com seus sentimentos sem medo e sem vergonha e dar espaço e ouvido aos sentimentos dos outros.

Dicas

* Faça exercícios físicos (academia ou outra atividade em que você perceba que tem um corpo inteiro e não só uma cabeça pensante).

* Abrace, beije as pessoas, dance.

* Sorria para os outros; pergunte com real interesse se estão bem.

* Treine seu olhar para perceber se os outros estão bem ou mal emocionalmente e se force a uma palavra amiga (você também pode chegar 10 minutos atrasada naquela reunião).

* Treine, também, para elogiar o outro (sempre tem algo que a gente pode verdadeiramente elogiar no outro: os olhos, o cabelo, o sorriso, a delicadeza).
* Policie-se para não tentar esconder seus sentimentos atrás de comentários racionais ou irônicos (se o filme deu vontade de chorar, chore. É melhor do que sair criticando o diálogo, ironizando a cena, dizendo que o filme é ridículo ou se julgando superior às "pessoas-coitadas" que saíram chorando do cinema).

* Ligue para um amigo e diga que está triste (a ideia é a de se expor mesmo! Cair na humanidade!).

* Cozinhe para os amigos/familiares (não vale encomendar tudo pronto! É fazer mesmo; dirigir o fogão!).

* Faça um curso artístico que desenvolva qualquer atividade manual (você vai achar um de que goste: pode ser pintura, argila, desenho, origami, jardinagem. Também serve música, teatro, dança). A ideia é você usar O CORPO e descansar a CABEÇA!

* Adote um animalzinho (mas VOCÊ terá que alimentá-lo, limpar seu espaço, levar para passear, etc.).

* Leve uma criança (filho, sobrinho, vizinho, filho de amigo) para um passeio demorado, um dia todo (Não! Não vale levar alguém para ajudar! Nem vale levar a criança àquela exposição que VOCÊ está querendo ver).

* Desenvolva sua espiritualidade: você se sentirá fazendo parte de algo maior. Meditação e relaxamento também ajudam e, se você sentir que sozinha vai ser difícil, não seja inflexível e dona da verdade – busque auxílio psicoterapêutico (amiga, ninguém é capaz de saber tudo e prescindir de ajuda).

* Enfim, desista da ideia de ser uma super-mulher poderosa. Descubra o prazer de poder ser APENAS uma mulher, que tem desejos, vontades, sentimentos e que não vive no Olimpo, mas na Terra, cercada de dificuldades, mas com bons amigos por perto para partilhar e ajudar a resolvê-los AMOROSAMENTE!

Guia prático para reconhecer uma legítima
Mulher Competitiva

* Habitat natural – escritórios, salas de reunião, lobby de hotel 5 estrelas, saguão de aeroporto.

* Temperatura – fria, ar condicionado no máximo.

* Som – ambiente, som baixo, música instrumental (jazz) ou nenhum (concentração).

* Aroma do habitat – lavanda, pinho, cheiro de limpeza.

* Alimentação – variada, de restaurantes (sofisticada), pequenas porções, pouco açúcar.

* Carro – grande, clássico, com todos acessórios, vidros escuros, blindado. Impecavelmente limpo por dentro e por fora. Preferencialmente de cor preta ou prata.

* Postura – rígida, ereta

* Aparência – Elegante, sóbria, cabelos com bom corte, bem tingidos e tratados.

* Unhas – impecáveis. Perfume suave, discreto.

* Roupas – sociais, terninhos, camisas, saias de corte reto, casacos estruturados, vestidos estilo Chanel. Cores sóbrias, listras e estampas discretas.
* Sapatos de salto alto (muitos, variados)

* Acessórios – meia calça, xale, echarpe, lenços. Brincos, colares, pulseiras e anéis discretos e de boa qualidade, de ouro ou com pequenos brilhantes.

* Bolsa – Clássica, de couro natural, de grife. Tendendo ao social, mas grande o suficiente para abrigar um netbook.

* Dentro da bolsa – documentos pessoais, passaporte, cartões de crédito e de débito, dólares/euros que sobraram da última viagem, cartões de visita, documentos da empresa, programação da semana na academia, agenda, um Blackberry mais dois celulares (com o máximo de recursos tecnológicos), chaves (do apartamento, da casa de praia, do carro e da empresa), ficha de inscrição de um congresso, planilha de custos, telefone do ponto de táxi, telefone do salão de beleza, telefone do delivery japonês, voucher do voo da semana passada, recibo de workshop, ingressos para o Teatro Municipal, bloco de anotações e caneta Montblanc, nécessaire (com maquiagem básica, prática e de boa qualidade), pastilha de hortelã, calmante e remédio para dor de cabeça, dor nas costas e para cólicas menstruais.

(*) Nota das autoras – Infelizmente, só conseguimos encontrar uma música que enalteça a mulher competitiva (mesmo assim ELA se autoenaltecendo) . Portanto, se você se identifica como uma delas, saiba que será difícil encontrar alguém para homenageá-la como mulher. Mas calma! Não fique brava! Não estamos dizendo que você não é merecedora de demonstrações de carinho e afeto. Apenas tentamos mostrar que seu modo de agir não desperta nas pessoas esse tipo de sentimento. Com certeza, você, competente e articulada como é, já deve ter sido homenageada diversas vezes pelo seu trabalho e desempenho. Mas, quando se trata de elogiar A MULHER, as pessoas ficam receosas, pois julgam que esse tipo de mulher, tão racional e decidida, possa não ser receptiva a esse tipo de homenagem. É mais fácil elogiar ou criticar outros tipos femininos. Você, com seu jeito firme e mental, intimida as pessoas e as deixa com medo de serem ridicularizadas ou desprezadas por alguém tão autossuficiente. Quem poderia imaginar que por trás de toda essa fortaleza existe uma mulher sensível capaz de se emocionar e até derramar algumas lágrimas?

Observação: caso você conheça alguma música ou poema que fale sobre a mulher competitiva, ficaríamos felizes se pudesse compartilhar conosco essa informação.

Mulheres Maternais

"Mirem-se no exemplo
daquelas mulheres de Atenas.
Secam por seus maridos,
orgulho e raça de Atenas."
Chico Buarque

Depoimento A

"Se eu fico em casa cuidando da família, sinto o desprezo e a discriminação das mulheres "emancipadas, trabalhadoras, modernas". Olham para mim com ar de superioridade. Muitas vezes ouvi: "Ah! Você não trabalha? Ah! Você só fica em casa?" Como se a tarefa de gerenciar um lar, uma família não tivesse nenhum valor; afinal, não sou remunerada. Até meus filhos se sentem diminuídos perante os amigos, já que não sou nada, só dona-de-casa enquanto as outras mães são executivas ou doutoras. Aprendi com meus pais e avós que mulher deve servir a seu marido e filhos. Deve cuidar do seu lar e atender as necessidades de todos. Mulher de verdade lava, passa, cozinha e obedece seu marido. Abri mão da minha independência e dos meus interesses em favor da família e suas necessidades. Satisfaço as vontades de todos – marido e filhos – e quebro o galho da família toda, pois, como não trabalho, julgam que estou eternamente disponível para levar parentes ao médico, ir ao banco para a tia, buscar o computador quebrado, fazer o bolo para a festa da sobrinha.

Mas não posso contar com eles, pois estão todos sempre ocupados; afinal, trabalham e estudam. Percebo, agora, que minhas necessidades não são atendidas. Não são prioritárias. E, por mais que eu faça, não sinto o menor reconhecimento por toda minha dedicação."

Depoimento B

"Eu jamais competiria por um homem. Quero alguém que goste de estar comigo; que queira, por opção, por desejo, estar só comigo. E ai, cuidarei dele como um rei. Se não for assim, prefiro que ele se afaste ou eu me afasto."

O Fato

A construção da sociedade moderna, a partir de meados do século XIX, exigiu modificações nos papéis estabelecidos até então para homens e mulheres.

A revolução industrial, as guerras, os modelos econômicos levaram as mulheres à necessidade do trabalho fora de casa.

A partir dos anos 60, com o advento do anticoncepcional e as consequências da revolução sexual, as mulheres passam a ter recursos para uma participação mais ativa na sociedade. A questão do trabalho fora de casa e da remuneração passam a ser encaradas como um símbolo de independência e status e não mais como uma necessidade das classes sociais menos favorecidas.

Nessas condições, as mulheres que mantinham essa vocação maternal mais desenvolvida, começam a se sentir desvalorizadas e, embora muitas vivam intimamente essa vocação de forma prazerosa, socialmente se sentem desconfortáveis.

O homem ainda busca uma companheira que

cuide dele,
de sua casa,
de sua prole.

Ele ainda sente orgulho de ser o provedor do lar e o chefe da família.

Só que ele quer, também,

uma parceira inteligente,
que saiba conversar sobre qualquer assunto,
que gerencie os filhos sem depender dele e
que ajude nas despesas.

Ou seja, quer uma mulher

que seja independente,
que trabalhe, mas
não cobre sua participação nas tarefas domésticas;
que ajude nas despesas,
que eduque os filhos, mas
veja nele o provedor do lar,
que tenha atitude,vontade própria, mas
que lhe seja submissa.

A mulher cuidadora/maternal sente como se estivesse "fora de moda" e sente que perdeu sua identidade. Passa a ser

a "Sra. Fulano de Tal",
a "mulher do João",
a "mãe do Paulinho",
a "dona-de-casa".

Ela sai do seu eixo, abandona sua essência e abusa dos sentimentos de compaixão e compreensão pelo outro.

Abdica

dos seus desejos,
dos seus prazeres,
dos seus potenciais

para realizar as vontades do outro.

Se mistura tanto com a identidade do outro que já não sabe mais quem é.

Deseja agradar tanto ao outro que acaba não sabendo mais o que realmente agrada a si mesma!

Leva tão a sério o outro que

esquece de si mesma
não tem mais vontade própria,
vida própria.

Ela precisa ter sempre alguém ao redor que necessite ser
cuidado,
protegido,
amado,
defendido.
E se esquece que TAMBÉM precisa de tudo isso.
Ela cuida
dos filhos,
dos pais,
do companheiro,
do avozinho,
dos sobrinhos,
dos tios,
dos vizinhos,
do cãozinho,
da florzinha e
não cuida de si mesma!

A Armadilha

Sua felicidade é ver o outro feliz e realizado. Ela se contenta com os bastidores, com o segundo plano. Até que um dia, o marido e/ou filhos tomam seu rumo na vida e o que resta a ela é um enorme vazio.

Os outros levaram consigo
as vontades,
os caprichos,
as manias,
a rotina,
e ela não tem mais de quem cuidar,
e já nem sabe quem é ou
o que quer.

Descobre que colaborou com a realização e vitórias de todos!

E o que fez por si mesma?

Além do orgulho do “dever cumprido”, o que lhe sobrou?

E, sem saber/lembrar que tem valores, acaba deprimida e doente, numa última tentativa de se fazer notada e cuidada.

A Saída

Se você
se identificou com a descrição acima,
está se sentindo inútil,
incompetente,
sem valores próprios,
sem motivos para se alegrar,
com a auto-estima lá no chão,
não vê nenhum reconhecimento por tudo o que fez pelos outros,

saiba que você PODE e DEVE fazer uma revolução na sua vida.

Ou você prefere esperar, como a Cinderela, que apareça uma fada-madrinha e um príncipe encantado para tirar a “pobre mocinha” dessa escravidão?

Saiba que a “mágica” capaz de transformar abóbora em carruagem e de transformar Cinderela em Princesa está exclusivamente dentro de você.

Eu sei, é triste, parte o coração, mas... NÃO EXISTE fada madrinha! Nem príncipe encantado que vá resolver todos os seus problemas! Mas não desanime! A boa notícia é que você é MUITO MAIS PODEROSA do que imagina. E viver é melhor que sonhar!

Você deve começar a desenvolver seus potenciais que estão adormecidos e atrofiados por falta de uso (lembre-se que você NÃO é a Bela Adormecida e não dá para esperar 100 anos para você sair desse sono. É agora!).

Como fazer isso?

Comece a usar mais a palavra “EU”.
Comece por se perguntar sempre:

* Do que EU gosto? Não vale responder “tanto faz”; “o que te faz feliz também é bom para mim”.

* Do que EU necessito? Não vale “uma nova máquina de lavar roupa”; “um sofá mais bonito”; “conseguir um dinheiro extra para o Pedrinho fazer um curso”.

* O que posso fazer POR MIM? Não vale “vou usar aquela blusa que o João gosta tanto” ou “vou fazer aquele curso que vai deixar meu marido orgulhoso de mim” ou ainda, “vou frequentar academia por medo de não ser desejável aos olhos do meu marido e ser trocada por outra”.

* Enfim, você deve prestar atenção e reconhecer SUAS vontades, dar atenção ao que lhe dá prazer, ao que lhe estimula e eleva sua autoestima e confiança. Consulte o seu coração, bem lá no fundo do seu ser. Talvez no início você só ouça o silêncio, mas, depois, vai começar a ter respostas.

* Deixe aflorar suas necessidades e cave seu espaço próprio no seio da família. Afirme seus valores SEM medo de parecer inadequada ou ridícula e NÃO se sinta culpada ou egoísta por deixar os outros um pouquinho de lado!

Dicas

* Cuide do seu corpo. Compre uma roupa nova (aquela que você nem ousa pensar em comprar porque é cara e tem tantas coisas de casa aparentemente mais importantes).

* Vá fazer uma academia de ginástica. Para tomar posse do seu corpo e conversar com outras mulheres.

* Inscreva-se em um curso de atualização. Vale qualquer curso que dê a você uma visão do que ocorre fora da sua casa. Mas, atenção! Tem que ser um assunto de que você realmente goste, se interesse. Ex.: História da arte, história geral, política.

* Escolha o filme que irá assistir com sua família, ou seja até mais ousada e vá sozinha ver aquele filme que você acha que deve ser lindo mas que ninguém está a fim de ver.

* Escolha o restaurante e o prato que você deseja em vez daquelas frases batidas "vou aonde vocês quiserem", "eu como o que vocês pedirem", "fico com o que vai sobrar do pedido das crianças", "tanto faz", etc.

* Vá assistir a um espetáculo ou peça de teatro bem vanguardista, nem que seja pela simples curiosidade de ver como é isso.

* Convide uma amiga para ir tomar um café. Atenção: não vale levar marido, filho ou mãe junto.

* Já pensou em voltar a estudar? Já se imaginou fazendo uma faculdade ou um curso de especialização? Atenção: não vale aquele curso de culinária japonesa "que os filhos adoram" ou de marcenaria "para arrumar bem bonito aquele quarto dos meninos".

* Largue todos em casa e vá visitar aquela sua prima que mora em outra cidade e que você não vê há anos. Acredite: quando você voltar, 3 dias depois, estarão todos vivos e saudáveis (talvez assustados com a sua atitude, mas estarão bem e, quem sabe, até perceberão a falta que você faz).

* Faça pesquisas na Internet (Você já aprendeu a usar o computador, né?).

* Faça relaxamento e/ou meditação.
* Procure uma psicoterapia.

* Enfim, faça qualquer coisa em que se sinta completa, independente, cuidando de si mesma e da sua felicidade.

No início dessa revolução, talvez você se sinta estranha, egoísta, mas depois começará a perceber que aquilo que você chama "egoísmo" é, na verdade, amor próprio e autoestima no lugar certo. Não tenha medo de "esquecer" dos outros porque não é da sua natureza pensar só em você. Você estará apenas harmonizando seus interesses com os dos outros.

E não se esqueça que, como em toda revolução, no início as pessoas

vão reclamar,
vão achar que você está esquisita e
vão cobrar que você volte ao seu papel de Cinderela.

Mas fique firme, porque ao verem você segura e feliz com seus atos e opiniões, vão acabar achando bem interessante seus posicionamentos.

Lembre-se: O príncipe se apaixonou pela linda princesa do baile. Não pela Cinderela esfarrapada!

Se ele a tivesse conhecido
maltrapilha,
de cara lavada,
descabelada,
lavando o chão,
cheirando fritura,
conversando com passarinhos,
VOCÊ ACHA mesmo que ela teria alguma chance?

ENTÃO TRATE DE SER PRINCESA NA VIDA!

Guia prático para reconhecer uma legítima

Mulher Maternal

* Habitat – caseiro, com alguma bagunça, local claro e protetor, sala de casa com TV, supermercados, pracinhas, escola e buffet infantil.

* Temperatura – morna, abafada, sem correntes de ar.

* Som – de crianças e pets, canções românticas, de mulheres que fazem qualquer sacrifício pelo seu amor, cantigas de roda.

* Aroma do habitat – Bolo assando no forno, sabonete Johnson's, colônia floral.

* Alimentação – tudo que é gostoso, saboroso, doce, bem temperado, em porções generosas.

* Carro – grande para caber os filhos, os amigos dos filhos, bagagem de toda família, compras de supermercado, etc. Sempre lotado de migalhas de bolacha, balas, pequenos brinquedos. Qualquer cor.

* Postura – relaxada, flexível.

* Aparência – informal, caseira, cabelos ao natural e tratados em casa sem muito corte e, de preferência, semilongos ou curtos. Unhas ao natural ou feitas em casa. Sem maquiagem. Deo-colônia doce, floral.

* Roupas – informais, confortáveis (moletons, jeans, algodão). Muita calça comprida e, no verão, bermudas lar-

gas, no joelho. Agasalhos esportivos. Camisetas, regatas, batas coloridas, estampadas, compradas em lojas de departamentos populares.

* Sapatos – tênis, sandálias havaianas, sapatilhas, salto baixo ou rasteirinha.

* Acessórios – nada na última moda. Cordão de ouro com iniciais dos nomes dos filhos. Aliança de ouro.

* Bolsa – bem grande, de tecido, plástico ou couro sintético. Com muitas divisões.

* Dentro da bolsa – RG dela e dos filhos, um cartão de crédito, receita médica do pediatra, atestado da última campanha de vacinação dos filhos, do pet e da avó idosa, receita de bolo, um celular simples só para receber e fazer ligações. Telefone do pediatra, da orientadora do colégio, do balé da filha. Fotos da família, chave de casa, do carro, do carrinho de compras do prédio, pacote de bolachas aberto, barra de chocolate, balas, lista de supermercado, bilhetinhos dos filhos ou netos, lápis, caneta Bic, ingressos do Hopi Hari, convite de aniversário em buffet infantil, um batom (velho), propaganda de cantina italiana, linha e agulha, bloco de anotações, toalha de mão, remédios em geral (adultos e infantis), band aid, presilha de cabelo da filha.

> "Eu quero uma mulher que saiba lavar e cozinhar, e que de manhã cedo me acorde na hora de trabalhar..."
>
> *Emília – Lobo e Batista*

"Ele é o homem, ele é quem quer, eu sou apenas uma mulher..."

Esse cara - Caetano Veloso

"Todo dia ela diz que é pra eu me cuidar, e essas coisas que diz toda mulher, diz que está me esperando pro jantar, e me beija com a boca de café..."

Cotidiano – Chico Buarque

"Olhe, benzinho, cuidado com seu resfriado, não tome sereno, não beba gelado, o gin é um veneno, cuidado, benzinho, não beba demais..."

Mais um Adeus - Toquinho e Vinicius de Moraes

"...Amélia não tinha a menor vaidade. Amélia é que era mulher de verdade."

Amélia – Ataulfo Alves e Mário Lago

"Tudo vale a pena quando a alma não é pequena."

Fernando Pessoa

Mulheres Sedutoras

"Não me venha falar na malícia
de toda mulher.
Cada um sabe a dor e a delícia
de ser o que é"
Dom de iludir - Caetano Veloso

Depoimento A

"Gosto de conversar com os homens, acho muito estimulante a atenção que exerço sobre eles. Sempre se aproximam de mim quando começo a conversar. Percebo que gostam do que falo, do jeito como os trato. Sempre dou atenção a eles, fico muito atenta ao que falam e nunca os trato mal. Mas, muitas vezes, sou mal interpretada. Pensam que estou disponível para me envolver com eles e, quando percebem que isso não vai acontecer, ficam grosseiros. Não entendo por que isso acontece pois só quero fazer amizade e conhecê-los melhor, torná-los meus amigos."

Depoimento B

"Eu adoro quando chamo a atenção, principalmente quando os homens me olham. Gosto de me arrumar, ficar bem sedutora. Quando saio para a balada, eles sempre vêm se aproximar. Dizem que sou muito feminina e isso dá a impressão que sou frágil, de que preciso de proteção. Mas gosto exatamente disso, que cheguem pensando que preciso deles. Quando estão envolvidos, embora muitas vezes eu não perceba isso acontecer, não quero mais saber deles, me sinto sufocada, quero eles longe. Gosto mesmo é de atraí-los, de perceber o quanto sou sedutora e como posso deixá-los ligados a mim. Depois me canso, acho todos infantis e bobos."

O Fato

Em nossa cultura existe, atualmente, um "culto" exagerado à juventude e beleza.

Como na Grécia Antiga, as pessoas almejam uma identificação com os deuses, divindades quase perfeitas, imortais.

Em sua representação moderna, a deusa grega da beleza e juventude, Afrodite, se apresenta hoje como

uma modelo,
uma cantora,
uma artista,
uma figura pública

que, mesmo medíocre na sua arte/vida, é perfeita em seus atributos físicos.

E isso inspira mulheres a cultuarem essa imagem perfeita desde crianças, deixando em segundo plano atributos igualmente importantes tais como:

amorosidade,
reciprocidade,
generosidade,
companheirismo.

Não se dão conta que, ao exagerar nesse empenho, não desenvolvem outras qualidades que serão importantes ao longo da vida.

A feminilidade no seu aspecto criativo tem um impulso natural para relacionar-se com o outro em diversos níveis. Não só no aspecto sexual, mas também espiritual e emocional, gerando, assim, algo novo, belo, valoroso, que podem ser filhos ou obras criativas.

A mulher sedutora pode sentir como poder esse fascínio que exerce nos homens. Esse sentimento de conseguir manipular

pela sensualidade,
pela beleza,
pela inteligência ardilosa

é a necessidade de estar no controle,
de exercer um tipo de poder,
de ascensão sobre o outro.

Por trás disso pode estar uma "menina ferida", que percebeu em algum momento que sua sedução lhe dava uma sensação
de força,
de controle,
de poder.

No fundo o que ela quer é abrir-se ao amor e à admiração que tanto merece.

Essa busca
de envolvimento,
de união,
de intimidade
pode ser vivida de forma inconsciente e, em função do que cada uma compreende sobre essa fusão com o outro, seja através das suas próprias expectativas, experiências ou através do que "percebeu" outras mulheres vivenciarem;
pode ser percebida
com desconfiança,
com receios de ser usada,
retornando como uma confirmação de que
"os homens não prestam" ou
"vamos dar o que merecem".

Aí a ferida está feita.

O desejo
de aproximação,
de intimidade para efetivação de algo novo,
criativo,
transforma-se em manipulação:
"Antes que me machuquem, eu machuco".
"Vou agir assim, para conseguir o que quero"

A Armadilha

Sua aparente felicidade é ver o outro
sob seu controle,
seduzido e
dependente.

A sedutora se realiza dessa forma até que o tempo passa e ela começa a perceber que
seus atributos físicos,
seu charme,
suas atitudes juvenis
já não funcionam;
já não são suficientes para manter essa relação.

E ai, começa a entrar em crise.

Muitas vezes, "partir para a caça" parece lhe reavivar as forças.

Mas esse movimento, em muitas situações, é gerador de uma profunda inquietação e insatisfação, como se algo interno sinalizasse que esta é uma atitude antinatural. Afinal, a função de "caçador" está biologicamente programada para o universo masculino e quando a mulher exercita esse movimento, uma "sinalização interna" alerta para algo não muito ajustado com sua essência.

Esses movimentos geram, muitas vezes, reações masculinas assustadas e desqualificantes com comentários tipo: "a mulherada está fogo!".

Cirurgias plásticas,
roupas joviais,
penteados moderninhos,
podem lhe dar ainda uma sensação de postergar a passagem do tempo mas isso está acontecendo e a crise se instala.

Na verdade, a passagem do tempo é cruel para essa "Afrodite" moderna.

De que outros atributos necessitará para manter o outro ao seu dispor?

Como sua energia e sua atenção estão focadas no outro, não há a possibilidade de desenvolvimento de outros valores internos que serviriam como suporte para a passagem saudável dessa fase.

Quanto mais o tempo passa, mais ela insiste em fazer uso dos velhos métodos de sedução e menos resultados obterá.

Invertendo, inclusive, o seu efeito.

Ao invés do charme dos 20 anos... surge uma caricatura ridícula de 50 anos.

As roupas e trejeitos tão encantadores numa moça de 20 anos não criam o mesmo efeito em uma mulher de 50! Ela parecerá estranha e artificial.

Os cabelos arrumados e a voz suave de uma moça de 20 anos soarão esquisitos e falsos em alguém de 50!

Muitas das mulheres dominadas pela energia exclusiva da beleza e juventude são surpreendidas ao serem "trocadas" por uma mulher mais jovem e não entendem porque seus parceiros fizeram isso. Elas não percebem que eles foram, simplesmente, resgatar o frescor da juventude que já não existe nelas e que foi a tônica desses relacionamentos. Elas não percebem que se esqueceram de desenvolver outros atributos, que não os físicos, que pudessem partilhar com seus pares depois da juventude.

A Saída

Você está triste porque o espelho não reflete mais aquela imagem tão fresca e juvenil que você tinha?

Você está percebendo que, usando seus antigos "truques fatais" já não consegue mais chamar tanto a atenção dos outros ou, pior ainda, você começou a achar que estão olhando para você de modo esquisito?

Então, está na hora de dar uma reformulada nos seus conceitos. Sim! Até agora você foi reformulando por fora; agora chegou a hora de reformular por dentro!

Como?

Nesse momento, você está começando a compreender a importância de desenvolver habilidades que estimulem seus potenciais, como

intelectualidade,
generosidade,
sensatez,
maturidade.

É importante você fazer reflexões procurando responder para si mesma:

* Que talentos possuo que não sejam os atributos físicos?

* Como posso reunir os amigos de forma que todos se sintam confortáveis sem eu precisar estar no "centro das atenções"?

* Sei conversar e desenvolver ideias que não falem sobre beleza, cirurgia plástica, o último relacionamento daquela amiga?

* Consigo ir à tarde a um filme de arte e passar alguns momentos sozinha, refletindo sobre o mesmo?

* Consigo me sentir estimulada a passar algumas horas naquela livraria onde os homens presentes parecem não demonstrar nenhum interesse por mulheres, apenas por livros?

* Consigo manter um convívio agradável com aquele amigo charmoso sem me sentir tentada a seduzi-lo?

Dicas

* Quando você se perguntar "que talentos possuo que não sejam os atributos físicos?", você descobrirá que tem outros dons que esqueceu de desenvolver. Se tiver dificuldade em percebê-los, peça ajuda aos amigos e parentes. Peça a eles que lhe digam quais as qualidades que veem em você ou que julgam que você possa desenvolver. Muitas ideias virão.

* Cuide do seu conhecimento intelectual. Procure cursos de atualização para estar informada do que se discute. Se engaje nesses debates. Seduza pelas suas ideias, mas respeite as dos outros. Compre revistas e jornais. Leia sem preconceito alguns artigos sobre política, economia e ciência. Talvez você descubra que algum desses temas pareça interessante. Leia bastante (mas não vale aquela revista de fofoca de artista ou aquele romance que a professora da 5ª série lhe pediu para ler).

* Divida seu tempo de cuidado com o corpo com tomar conta de alguém que necessite de companhia. Pode ser alguém da família que está envelhecendo ou mesmo visitar um asilo/casa de repouso e observar a beleza que as pessoas têm a oferecer.

* Procure conhecer mulheres que esteticamente não sejam atraentes e ouça suas percepções sobre beleza. Observe quais são os assuntos relevantes para elas.

* Converse com sua funcionária do lar, a vendedora da sua loja predileta, sua manicure, e outras mulheres que não dispõem de muito tempo para cuidarem da beleza. Observe a riqueza de histórias, de experiências do dia a dia delas.

* Experimente sair sem caprichar no visual e observe como as pessoas interagem com você. Perceba o que a simpatia e a atenção com os outros podem fazer por você.

* Convide uma amiga para ir tomar um café. Não dê espaço para falar da amiga que fez plástica ou se separou ou casou novamente. Apenas troque percepções de como está se sentindo e ouça sua amiga com atenção sobre a mesma perspectiva.

* Já pensou em voltar a estudar? Já se imaginou fazendo uma faculdade ou um curso de especialização? Não vale aquele curso de estética, decoração ou moda.

* Faça relaxamento e/ou meditação.

* Procure uma psicoterapia.

* Enfim, faça qualquer coisa em que se sinta internamente completa, cuidando de si mesma e da sua felicidade, sem precisar da admiração do outro, do convívio social para se sentir valorizada.

* Descubra as possibilidades de ser charmosa e sedutora a cada fase da vida. Toda fase tem seus encantos e modos de ser sedutora!

No início dessa revolução, talvez você se sinta
estranha,
"feia",
desinteressante,
até perceber o quanto se sentir segura consigo mesma, com sua auto estima em alta, sem a necessidade de estar sempre chamando a atenção, pode
ser agradável,
trazer paz de espírito
e acalmar as emoções.

Afinal, estamos buscando
felicidade e
alegria.

Cuidados excessivos com a beleza e preocupação excessiva com a imagem que vai ser passada aos outros não dão tempo e espaço para que treinemos outras habilidades que nos tragam conforto interno.

Estar sozinha, em muitos momentos, é uma enorme fonte de satisfação e serenidade.

A beleza é um bom atributo para aproximarmos as pessoas de nós.

Mas muito mais enriquecedor é perceber
o quanto somos agregadoras e
o quanto podemos
nos inspirar e
motivar os que nos cercam pela harmonia,
capacidade de acolher,
de ter uma palavra estimulante,
de criar condições para uma intimidade reparadora.

E DÁ PARA SER BELA E MADURA AO MESMO TEMPO!

Guia prático para reconhecer uma legítima

Mulher sedutora

* Habitat – locais fechados com meia luz/ bares charmosos/ motéis/ locais confortáveis com clima intimista (poltronas macias, tapetes, cortinas, flores, luminárias).

* Temperatura – quente, porém ventilada.

* Som – sussurros, risos insinuantes, canções que falam de relação carnal entre homem e mulher, músicas que enalteçam amizades.

* Aroma do habitat – perfumes em extrato, intensos, fortes, penetrantes, amadeirados, misky.

* Alimentação – leve, sem gordura, afrodisíaca: champanhe, morangos, ostras, uvas, peixe. Carne branca. Pequenas porções servidas em belos cristais e louças, de preferência, à luz de velas.

* Carro – bonito. Limpo. Charmoso.

* Postura – ereta. Relaxada.

* Aparência – sensual. Cabelos bem tratados, bem cortados, longos e soltos. Unhas bem feitas, com esmalte de cor forte.

* Roupas – justas, decotadas, com fendas, com transparências. Que insinuem a silhueta. Muita saia, meia calça, vestidos com recortes, rendas. Tecidos finos, macios, com brilho. Cores fortes (principalmente vermelho e preto.)

* Sapatos de salto alto (muitos e bem variados, para todas as ocasiões)

* Acessórios: da moda, estilosos, brilhantes. Lenços de seda. Joias grandes e exuberantes. Muito brilho.

* Bolsa – última moda; social de material brilhante, com pedras, metais.

* Dentro da bolsa – nécessaire de maquiagem, principalmente para realçar olhos e lábios, perfume, esmalte, par

de meia calça, lingerie muito charmosa para um possível encontro íntimo, espelho, celular pequeno e charmoso, telefone do centro de estética e do cabeleireiro, carteirinha da academia, duas agendas para caber o telefone de todos os amigos, carteirinha do clube, fotos dos amigos, fotos dos pretendentes, chave de casa, do carro, do apartamento de um amigo em um chaveiro todo charmoso e chamativo. Orçamento para instalação de um ofurô, folder de um motel chiquérrimo onde esteve semana passada, pequeno pacote de uma sexshop, caneta bonita e charmosa (não necessariamente cara), orçamento do cirurgião plástico, convite para um evento de moda, cartões de lojas de roupas, lingerie e de uma fábrica de sapatos, camisinhas, anticoncepcional, pílula do dia seguinte, moderador de apetite, remédio para dor de cabeça e shake dietético.

"Toda gente homenageia Januária na janela,
até o mar faz maré cheia pra ficar mais perto dela,
ela faz que não dá conta de sua graça tão singela"
Januária – Chico Buarque

"Que tal nós dois numa banheira de espuma,
seu corpo caliente, num dolce farniente,
sem culpa nenhuma..."
Banho de espuma – Rita Lee e R. Carvalho

"Ah, se ela soubesse que quando ela passa
o mundo inteirinho se enche de graça
e fica mais lindo por causa do amor..."
Garota de Ipanema – Tom Jobim e
Vinicius de Moraes

"Farei suas vontades,
direi meias verdades sempre à meia luz
e te farei, vaidoso, supor que és o maior
e que me possuis..."
Folhetim – Chico Buarque

"Não me interessa se ela é coroa
panela velha é que faz comida boa..."
Panela Velha – Moraezinho e Silvestre

"Se você nao me queria,
não devia me procurar,
não devia me iludir
nem deixar eu me apaixonar..."
Me deixe em paz –
Amorim e Monsueto

"Menina das duas tranças, deixe o meu filhinho em paz,
que ele ainda é muito criança, pras coisas que você faz..."
Baixe o seu olhar escuro, cubra esse peitinho em flor,
Que ele ainda não está maduro pra essa escuridão de amor..."
Menina das duas tranças – Toquinho e Vinicius

"Um amor assim delicado,
você pega e despreza,
não devia ter despertado,
ajoelha e não reza..."
Queixa – Caetano Veloso

"Linda e sabe viver,
você é linda sim,
onda do mar do amor
que bateu em mim ..."
Você é linda – Caetano Veloso

"Ah, se a juventude que essa brisa canta
ficasse aqui comigo mais um pouco ,
eu poderia esquecer a dor de ser tão só..."
Eu e a brisa – Johnny Alf

"Florentina, Florentina,
Florentina de Jesus,
Não sei se tu me amas
Por que tu me seduz?..."
Florentina de Jesus – Tiririca

Mulheres Vítimas

"Sigo à margem da vida,
sem amparo ou guarida.
Oh, Deus, como sou infeliz"
Folha Morta – Ary Barroso

Depoimento A

"Sempre achei que iria ter um câncer. Fazia todos os exames que os médicos pediam. E nada. Mas eu sabia que tinha algo em mim. Meu marido não tinha paciência comigo e sempre dizia que eu estava doente era da cabeça. Pois bem, há dois anos apareceu um nódulo no meu seio e — adivinhe — era maligno! Tive que extrair a mama; meu marido saiu de casa, meus filhos dizem que eu consegui a doença que queria. Que absurdo! Quem é que vai querer um câncer? O pior é que agora preciso mais deles. Eles dizem que mãe com câncer fica muito chata e que faço chantagem emocional. Eu fico magoada, pois agora me sinto mais carente ainda de atenção e carinho."

Depoimento B

"Desde pequena nunca tive sorte. Meu pai faleceu cedo e minha mãe começou a beber. Na adolescência fui procurar um psiquiatra que tentou abusar de mim. Conheci M. e me apaixonei. Ele era forte, bonito e me tratava bem. Casamos e logo engravidei. Foi uma gestação difícil com dores e ameaças de aborto. Ia trabalhar mas meu chefe ficava com pena e me dispensava. Meu marido tornou-se egoísta, autoritário e violento. Me obrigou a parar de estudar e quando brigamos, me agride. Quando me vê machucada ou doente ele cuida de mim mas depois começa tudo de novo. Meu filho é viciado e alcoólatra; não trabalha nem estuda, só me dá preocupação! Vivo tendo que socorrer minha mãe, meu filho e meu irmão (que também é doente). Por causa dessas correrias já caí e bati o carro várias vezes. Já expulsei meu marido e meu filho de casa mas eles voltam, choram, pedem perdão e acabam ficando. Por essas razões tive que largar meu emprego. Quando acho que esse inferno vai acabar, surge um novo problema. Não sei até quando vou aguentar esse martírio! Será que isso não tem fim?"

Depoimento C

"Quando conheci J. ele já era casado. Era um homem charmoso e interessante. Fomos nos aproximando e ele disse que seu casamento estava em crise. Passamos a nos encontrar tomando muito cuidado para a mulher dele não perceber nada.

Estamos vivendo assim há anos. Me sinto muito frustrada, não posso vê-lo nos fins de semana e nos feriados porque ele "tem que estar com a família". Sofro muito por passar as datas festivas, inclusive Natal e Ano Novo, sempre sozinha. Acho muito injusto ficar só e vê-lo viajando e se divertindo com os filhos e com ela. Eu fico com muita raiva porque não posso nem pensar em ter um filho ou viajar com ele. Perdi os melhores anos de minha vida me contentando com migalhas, vivendo na sombra, me encontrando com ele às escondidas. Sempre que digo a ele o quanto fico infeliz e magoada com isso, vem a velha história de que "não gosto da minha mulher, mas não posso me separar agora"."

O Fato

Quando se conhece alguém que se diz "vítima" de uma situação, devemos supor que do outro lado da relação deva estar alguém que desempenhe o papel de "salvador".

O que mantém uma relação vítima-salvador?

Obviamente a vontade do "salvador" de se sentir
útil,
superior,
capaz,
responsável,
e a vontade da "vítima" de se sentir
frágil, física e emocionalmente.

O "salvador" lucra com essa relação porque
eleva sua auto-estima,
se sente importante,
poderoso.

Mas, e a "vítima", o que ganha com isso?

Partindo da premissa de que ninguém fica em um papel em que não tenha ganhos (conscientes ou inconscientes), devemos admitir que a "vítima" também lucre com esse tipo de relação.

E os lucros são vários.

Há a vítima que permanece em uma relação ruim e dolorosa para se punir por ter feito algo que ela julga
ter sido errado,
imoral ou
ilícito.

Por mais que ela sofra nesse papel, isto lhe dá o alívio que precisa para sentir que o mal que causou está sendo reparado.

Há, também, a vítima que quer suscitar pena, dó.

Ela joga a responsabilidade do seu martírio sobre o outro, para que ele se sinta totalmente culpado.

É aquela pessoa que vem contar sua vida e você acaba morrendo de compaixão por ela e fica com muita raiva do seu algoz.

Sedutora, convence as pessoas de que não havia saídas para ela porque o outro não lhe deu qualquer chance de defesa.

Mas continua lá, se queixando a vida toda,
no mesmo relacionamento e
na mesma imaturidade...

Na medida em que delega ao outro toda a responsabilidade pela sua vida infeliz, ela não precisa
se preocupar
ser responsável por nada.

Não precisa
se expôr,
dar a cara a bater,
brigar por aquilo que deseja.

Enfim, não faz nenhum esforço.

E o outro, movido pela culpa, lhe dá tudo na mão.

Desta forma, a vítima mostra sua verdadeira face: a manipuladora.

A Armadilha

Quando tentamos
controlar,
manipular uma situação,
um relacionamento,
caímos em uma armadilha.

Tal qual uma aranha, a vítima traz as pessoas presas à sua "teia".

Ela, com sua infelicidade,
sua falta de sorte,
sua doença,
sua depressão,
sua fragilidade,
faz com que os outros tenham vontade de ajudar e
até se sintam culpados pela felicidade que têm.

Passam a olhar para aquela triste figura como alguém desprovida de capacidade de gerenciar sua própria vida. Todos ao redor se mobilizam tentando encontrar uma saída para acabar com a sua dor.

Todos se mobilizam, menos a própria vítima!

Ela não pode fazer nada para acabar com essa situação porque senão... a situação acaba!

E ela, no fundo, NÃO QUER E NÃO PODE perder a atenção dos outros e nem se imagina assumindo a responsabilidade pelos seus atos.

Afinal, o mundo lhe é devedor!
o mundo a fez sofrer!

Assim, parece justo deixar que os outros resolvam os problemas que a vida lhe trouxe! Ela não pediu para ter uma vida assim!

Além disso, é tão gratificante ver os outros
se preocupando,
fazendo sacrifícios para lhe agradar,
para lhe dar alento!

E, também, é bastante cômodo colocar a responsabilidade da sua vida sobre os outros:

se aceitarem, ela terá ganhos;

se errarem, ela terá do que se queixar e cobrar pelo resto da vida.

Assim como a aranha, que para se alimentar dos insetos distraídos que captura, fica refém da sua própria teia, a vítima também paga um preço bem alto para manter as pessoas aprisionadas ao seu próprio sofrimento: o preço da sua própria liberdade e identidade!

Precisará passar a vida inteira
doente,
frágil,
dependente,
infeliz...

A vítima acaba caindo em sua própria armadilha!

Os outros podem se cansar de tanta dor e se afastar, e só

aí ela perceberá o quanto deixou de fazer e viver para manter essa atitude negativa e acusatória. Suas presas podem se debater e escapar mas ELA continuará presa à sua teia, esperando que um novo incauto surja para que ela volte a se alimentar de dor e sofrimento. E, com sua teia cada vez mais esfarrapada, acabará por não aprisionar mais ninguém...

A Saída

Se você percebe que sua vida e suas atitudes andam parecidas com as dos depoimentos, saiba que você caiu na armadilha de ser uma mulher vítima (de si mesma!).

Saiba, também, que é VOCÊ quem está atraindo para sua vida essa infelicidade toda! Pode xingar à vontade, mas a verdade é essa mesmo: VOCÊ manipula a vida para que ela lhe traga tragédias para você poder se queixar à vontade!

Parece loucura? Pois é o que VOCÊ está fazendo!

Não é esse o seu foco na vida?

Seja honesta: se você não puder mais falar das suas desgraças que assunto lhe sobrará?

Se você se acostumou a ter a atenção das pessoas pela dor e tristeza e se isto lhe for tirado, COMO vai se relacionar com os outros?

Responda com sinceridade: você conhece alguém que não tenha problemas? Já viu alguém que nunca tenha passado por um trauma, uma decepção profunda ou um revés imenso na vida?

Na verdade, parece que, quanto maior a “tragédia”, mais forte se torna a pessoa! Como é que ela não se deixou abater? Como é possível que, depois do que passou, não esteja por aí, despedaçada, na sarjeta?

Olhe ao seu redor (sim, existe mundo aí fora!) e veja por quantos dramas terríveis passam as pessoas. Compare com suas mazelas. Honestamente, seus problemas são bem menores, não é? Não, não digo isto porque “não é comigo” ou porque “pimenta no olho do outro não arde”. É porque quem passa por uma GRANDE provação (grande mesmo) aprende a não fazer drama por pequenos percalços!

Quem tromba com uma montanha, não tropeça em pedregulho! Aprende a desviar dos problemas tão logo eles comecem a surgir! E se torna forte, confiante e corajosa porque essas decisões estão em suas mãos. Se não agisse assim, estaria o resto da vida sentada no chão, chorando pelo tropeço e maldizendo o mundo por tê-la colocado nessa situação. E estaria refém da sua própria falta de atitude e da sua covardia. E perderia a oportunidade de se sair vitoriosa e ter tornado sua vida mais rica e feliz.

Convenhamos, o que é melhor: ser conhecida como "a coitada", "a infeliz", "aquela que Deus me livre de ser igual" ou "a corajosa", "a guerreira", "a que faz as coisas acontecerem"?

Que comentários você gostaria que fizessem a seu respeito quando você se aproxima:

"que bom, ela chegou!",

"taí uma mulher admirável",

"vem aqui perto nos contagiar com sua coragem, com seu bom humor" ou

"olhe para o outro lado e disfarce senão aquela chata vem para cá",

"ah! Meu Deus, lá vem a tragédia ambulante!",

"que pena, ela não tem sorte mesmo, coitada!",

"que mulher pesada! Parece uma nuvem negra chegando", etc.

Será que o prazer de ver o outro se acabando de preocupação ou remorso enquanto VOCÊ nunca é culpada vale tal sacrifício e desperdício de vida? Afinal, com suas atitudes destrutivas, você, mulher vítima, leva

o companheiro,
os filhos,
os parentes,
os amigos

ao naufrágio, mas você também se afoga junto no barco.

Não parece mais razoável passar a conduzir sua própria vida deixando para trás as circunstâncias e pessoas que julga que lhe fizeram mal ou impediram sua felicidade e crescimento?

NÃO HÁ MAIOR VINGANÇA DO QUE SER FELIZ!
Não há sensação melhor na vida que
ter liberdade para escolher
seu próprio caminho,
suas próprias ações,
aceitando seus acertos e erros com
coragem,
alegria,
força e
determinação.

O caminho pode não ser fácil, mas será autêntico e gratificante. Você deixará sua marca por onde andar e será admirada e reconhecida pelas suas
decisões,
coragem e
autonomia.

E terá uma sensação maravilhosa de não ser prisioneira do seu próprio medo de
errar,
sofrer e
viver.

Dicas

* Faça um teste: pegue uma tragedinha bem pequena da sua vida. Exemplo: o xixi que seu cachorro fez no tapete e que lhe rendeu 3 telefonemas se queixando do ocorrido e 2 calmantes para suportar a situação. Tente uma saída antes que o fato aconteça (ex.: vá logo passear com o cachorro ou feche a porta da sala) ou ria da situação (já aconteceu mesmo e você vai ter que limpar o tapete com bom humor ou não! Agravante: mau humor dá rugas e faz o serviço ficar mais penoso...). Toda vez que perceber que está culpando alguém por algo que lhe aconteceu, se pergunte o que VOCÊ po-

deria ter feito para evitar tal situação. Será que não é VOCÊ quem dá espaço para o outro fazer o que faz?

* Sorria bastante (nada de dizer que não tem motivos para isso. Tem sim! Todo mundo tem!). O sorriso tem o dom de alegrar a alma e transformar energias ao seu redor! Tente e verá quantas portas irão se abrir para você. Mas tem que ser um sorriso pra valer, autêntico, espontâneo (não serve um sorriso de boca fechada ou, pior ainda, de dentes cerrados, de sarcasmo ou ironia). Se não lhe vier à cabeça nenhum bom motivo para sorrir, sorria da sua falta de imaginação para inventar um!

* Quando alguém perguntar: "tudo bem?" isso não significa que ela esteja querendo saber das últimas tragédias pelas quais você passou ou da sua mais recente dor. É só um cumprimento! Faça o maior esforço, sorria e responda: "Tudo bem!" Ou "melhor agora" ou "Com você aqui, só poderia estar tudo ótimo!". Não tenha medo. Esses comentários não vão quebrar sua boca! Quem sabe você até comece a acreditar neles.
* Faça um esforço ainda maior que o anterior e evite comentar seus problemas com todo mundo: os ouvidos dos outros agradecem! Só faça um comentário se já tiver transformado esse problema em piada ou referência bem humorada.

Não se leve a sério demais! Aprenda a rir das suas bobagens e gafes. Não dá para ser lady impecável 24 horas por dia. Aliás, seria muito chato!

Sempre que você fizer algo que lhe pareça errado, converse consigo mesma para não repetir o erro. E fique atenta para não se justificar culpando os outros.

Não aumente a importância dos problemas. Pergunte-se sempre: "que importância isto terá na minha vida daqui a um ano, daqui a dez anos?"

Se você quer carinho e atenção das pessoas, diga isso a elas (não, choramingando, não!). Diga que quer mais abraços e beijos. Não está escrito na sua testa o que você quer e ninguém é obrigado a adivinhar! Seja clara e leve! Aliás, você costuma abraçar, beijar e mostrar aos outros o quanto você os ama?

Pense em quais assuntos você poderá conversar naquela festa ou reunião. Não vale falar de mortes, doenças, acidentes e problemas pessoais. Policie-se o tempo todo para não ceder à tentação. Se você conseguir, observe como a sua postura, ânimo e autoestima estarão melhores!

Aceite as pessoas como elas são. Ninguém é perfeito. Nem você.

Seja otimista. Deste modo, sua cabeça lhe ajudará a enxergar saídas e os grandes problemas ficarão menores e os pequenos desaparecerão. Deixe para sofrer pelas (raras) tragédias que são irremediavelmente grandes e que podem cair na cabeça de qualquer um de nós, bons ou maus, merecedores ou não.

Acredite, mas acredite MESMO, que com suas atitudes você pode mudar sua vida. Aquilo em que pensamos corre o sério risco de se tornar realidade. Então, atenção ao que você pensa e fala, ao que você espera do mundo, das pessoas e de si mesma! Se você só vê doenças, é o que terá. Se só vê tragédias, elas estarão grudadas em você. Do mesmo modo, se você se imaginar feliz, realizada, corajosa, batalhadora, assumirá a postura de quem é realmente assim e aos poucos verá que sua vida ficará mais feliz de verdade. Vamos lá: só depende de você!

Guia prático para reconhecer uma legítima

Mulher vítima

* Habitat natural – ambiente escuro, sombrio, padrão vibratório baixo, cortinas pesadas.

* Temperatura – fria, úmida.

* Som – músicas com letras depressivas, de dor-de-cotovelo, decepções amorosas, solidão.

* Aroma do habitat – nenhum ou de umidade, mofo.

* Alimentação – de acordo com as restrições médicas recomendadas. Pouco sal, pouco açúcar, sem gordura, sem pimenta nem condimentos.

* Carro – médio, clássico, cor escura, vidros com película escura. Acessórios: alarme, nécessaire com medicamentos.

* Postura – rígida; ombros arqueados.

* Aparência – um pouco descuidada, cabelos mal tingidos, presos; unhas só com base. Nenhum perfume ou seco, amadeirado.

* Roupas – informal, mas de aparência séria, rígida. Nada de decotes ou cores vibrantes; estampas miudas e apagadas. Moletons; casacos. Sapatos de saltos baixos ou chinelos.

* Acessórios – cordão de ouro com medalhão do pai ou mãe ou, no dedo, aliança do marido falecido.

* Bolsa – clássica, opaca, sem muitos detalhes, grande o bastante para abrigar vários medicamentos. Cor neutra, preferencialmente marrom escura ou preta.

* Dentro da bolsa – cartão do plano de saúde, cartão de cliente preferencial de rede de farmácias, caixa de lenço de papel, um celular que insiste em não dar sinal quando mais se precisa dele; telefone das amigas mais acolhedoras, livreto de auto-ajuda com dizeres de sabedoria para mostrar o quanto pratica isso, mas a vida é infame com ela; pastilha para tosse; cópia do B.O. da ultima briga

feia com o vizinho; nota fiscal de um produto que veio com defeito e está dificil de trocar; carta de reclamação da orientadora do colégio do filho; cópia da mensagem desaforada que a filha ingrata mandou; tel.do cardiologista e do fisioterapeuta; lista do que lhe roubaram no mais recente assalto; receitas médicas; remédios pra pressão alta, diabetes e depressão.

"Ninguém me ama,
ninguém me quer,
ninguém me chama de meu amor."
Ninguém me Ama - Antonio Maria e Fernando Lobo

"E na vida a gente tem que entender
que um nasce pra sofrer,
enquanto o outro ri..."
Azul da cor do mar – Tim Maia

"Devia ter me importado menos
com problemas pequenos (...)
devia ter aceitado a vida como ela é....
a cada um cada alegria e a tristeza que vier..."
Epitáfio – Titãs

"A vida é muito curta para ser pequena"
Anônimo

"A única perfeição é a alegria"
Lou Andreas Salomé

Mulheres Ciumentas

"Para o ciumento, é verdade a
mentira que ele vê"
Calderón de La Barca

Depoimento A

"Quando conheci o Renato, éramos adolescentes e ele tinha acabado de perder a mãe. Achava ele tão bonito e tão frágil, meio assustado e quis ficar com ele. Ele fazia tudo o que eu queria e me obedecia quando eu não gostava que saisse com os amigos. Afinal, minha mãe sempre foi assim com meu pai e ela mantém o casamento até hoje. Meu pai obedece e acata o que ela decide. Depois que casamos e mudamos de cidade, Renato começou a mudar. E eu não quero isso. Já expulsei ele de casa mas quase "morri" por isso e agora exijo que ele me diga se voltou porque me ama. Ele não fala e fico desesperada. Se eu souber que ele tem outra mulher sou capaz de matá-lo."

Depoimento B

"Toda vez que minhas amigas insistem que devo voltar a namorar ou sair com alguém, entro em pânico. Sempre lembro que meus relacionamentos terminam de forma muito sofrida. Sempre me apego muito, quero fazer tudo por quem me apaixono e depois começo a ficar muito insegura, sempre acho que vou ser traída, que ele não me ama mais, que vai me deixar a qualquer momento... Não consigo mudar essa forma de reagir e prefiro ficar sozinha a passar por todo esse sofrimento novamente."

O Fato

Quando somos ensinadas a valorizar o que possuímos e a ter um sentimento de posse ou propriedade sobre aquilo que cremos ser nosso, tendemos a amplificar esse comportamento. Dentro de uma cultura de valorização excessiva do TER, para muitas pessoas esse sentimento é deslocado para o afeto. Não compreendemos que o outro possa ter sentimentos, atitudes ou até ter modificado sua expressão de afeto, pois o vejo como MEU e, consequentemente, queremos obrigá-lo a

agir
reagir,
sentir,
se comportar como EU desejo,
como EU espero que assim seja.

Esse comportamento possessivo e exclusivista encobre uma personalidade

imatura,
insegura,

que precisa ter a certeza sobre o sentimento e o comportamento do outro como referência de segurança e autoestima para si. Todo comportamento possessivo ou exclusivista tem por trás alguém que não desenvolveu a capacidade de amar, de estar com a outra pessoa de forma inteira, aproveitando os bons momentos, deixando a vida fluir. Por trás da atitude do ciumento há uma insegurança e autoestima frágil, uma pessoa que conduz sua vida ao redor do controle que pode exercer sobre o outro. E isso acontece por, muitas vezes,

não saber olhar para si,
não reconhecer o que é realmente se relacionar,
trocar com o outro,
nem saber o que realmente necessita para se
sentir inteira,

realizada,
feliz.

À medida que sua atitude
controladora,
impregnada de crises de choro,
dramas,
ameaças,
consegue intimidar o outro, ela vai "construindo" uma certeza (ilusória) de que, dessa forma,
manterá o outro sob controle,
que é assim que se conquista o que se quer,
na intimidação,
no medo,
na ameaça.

Se o outro aceita, pela sua fragilidade emocional, em se submeter a esse papel, está constelada a relação de domínio-submissão que levará um ou ambos a ter uma vida prisioneira.

A Armadilha

Se você percebe que esses depoimentos lhe parecem familiares... ATENÇÃO! Você caiu na armadilha da ciumenta/possessiva. Por incrível que pareça, saiba que é VOCÊ quem atrai essas
cenas
situações
que lhe custam tanto desgaste emocional.

Apego. Palavra e sentimento que remetem a uma fonte de sofrimento muito grande. Essa "segurança" do TER algo ou alguém para se sentir tranquilo, nos aprisiona ao que o OUTRO tem que fazer ou ser
para me atender,

para não me deixar vulnerável.
Mas, afinal, que responsabilidade alguém pode ter
pelo meu estado emocional,
na condição de me proporcionar segurança?
Que desejo ou fantasia infantil está cristalizado dentro desse ideal?
Sem dúvida, esse padrão
foi conhecido,
vivenciado muito cedo,
ainda na infância,
quando podem ter sido feitas "leituras" erradas sobre
amor
segurança
troca de afetos.
Mas agora, já adulta,
POR QUE tudo isso ainda volta?
Por que esses sentimentos
de controle ou descontrole,
de insegurança diante da atitude do outro,
de medo da perda...
de medo do abandono,
de medo da solidão?
Resposta:
Porque ainda existe lá dentro, no fundo da alma, uma criança insegura,
que busca NO OUTRO conforto,
proteção,
amparo,
segurança.
Por isso, ela TEM que manter
o outro sob seu controle,
aprisionado,
constantemente vigiado
pois se ele se afastar ou, pior, alguém o tirar de perto, será uma verdadeira tragédia!
Nossa idade emocional nem sempre corresponde à nossa

idade cronológica. Aliás, muito da confusão que se instala nos relacionamentos, sejam eles quais forem, vêm exatamente desse descompasso. Olhamos por fora e imaginamos que dentro esteja a mesma coisa que imaginamos ver. Pura ilusão! Portanto, por trás de todo comportamento possessivo, ciumento, tem alguém muito

frágil,
desamparado,
que necessita de segurança.

Entretanto, ATENÇÃO!

Não cabe a ninguém "dar" ao outro essa segurança. Ela é uma conquista realizada por quem está se sentindo frágil, numa busca por reparar/entender porque e quando esse padrão pode ter se instalado e, ainda dentro de um caminho de busca,

de cicatrização dessa ferida,
ir encontrando recursos para essa cura.

A maior armadilha do possessivo/ciumento é encontrar alguém que seja

cúmplice,
que alimente,
complemente essa atitude.

Acabam ambos, certamente, muito cansados,
machucados,
magoados.

Acabam ambos se consumindo numa "troca" negativa, na qual, ao invés de liberdade, se encontra mais aprisionamento...

O ciumento, por insegurança, vê motivos de sobra para se exaltar;

O outro se sente tolhido, desrespeitado, atormentado pela desconfiança desmedida e injustificada.

O medo de não ter controle sobre o que o outro pensa e faz,

as atitudes exageradas para manter o outro sob o seu rígido olhar,

a paranoia de vigiar e perseguir o outro em cada passo que ele dê,

a atitude policialesca interrogando e

buscando mentiras e
“provas” de traição
em cada gesto do outro
em cada objeto do outro
só gera mal estar,
mal entendidos,
clima de nervosismo e
desconfiança
que acabam por minar o afeto e
a vontade do outro estar por perto.

E, diante desse clima de tortura e terror, o outro só tem as seguintes saídas:

se tornar mudo, apático;
passar a mentir para poder respirar;
evitar a presença do ciumento ou
pegar seu boné e ir embora.

E você, que fez tanto para manter o infeliz sob seu jugo,
que tinha tanto medo
de ser enganada ou
de ficar só,
Vai acabar ficando...
Só!

E é bem provavel que o outro encontre rapidinho, em outra pessoa, a suavidade, a confiança e o carinho que você não soube lhe dar. Um belo exemplo de profecia autorrealizada pelos seus próprios méritos, pelas suas próprias mãos...

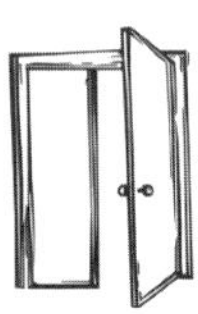

A Saída

A saída é manter a atenção sempre alerta aos primeiros sinais desse “bichinho verde” que começa a tomar conta de você ao menor sinal de insegurança diante do afeto do outro.

Você deve sempre observar e se perguntar:

* O que estou sentindo é fruto de realidade ou apenas efeito da minha insegurança e medo de perder? Pergunte aos amigos mais sinceros a opinião deles. Mas ouça mesmo!

* Se eu perder essa pessoa em quem deposito meu amor e afeto, irei morrer de verdade? Vamos combinar: já viu alguém morrer desse jeito? Novela não vale! Aliás, hoje em dia, nem a protagonista mais frágil sucumbe por amor. Quando um amor acaba, ela busca outro, sem dramas.

* O quanto de força interna tenho para poder permitir que as coisas caminhem soltas sem que eu fique em estado de alerta/pânico diante da mínima sensação de ameaça de ser traída ou não amada? Descubra a mulher forte e poderosa que você é!

* Quando a pessoa em quem deposito tanta intensidade de afeto ainda não estava presente em minha vida eu não vivia, fazia planos, me divertia? Pois é, o outro vem para nossas vidas, convive e, se não der certo para sempre, deve seguir seu caminho sem levar nada do nosso emocional. E não devemos deixar de fazer nada que nos acrescente durante o relacionamento, para depois não culpar o outro pela nossa estagnação.

* Em outros relacionamentos esse sentimento se manifestava? Se a resposta for sim, o quanto é o outro que está causando ou eu mesma construindo uma relação de dependência e fragilidade?

* Como será a sensação de não estar submetida ao medo de perder? Deixe seu querido sair com os amigos, ir tomar uma cerveja, assistir seu futebol em paz, sem medo da sua desconfiança e da briga que vai ter que enfrentar na volta. Você vai ver que ele, aos poucos, vai começar a ter vontade, de novo, de lhe contar o que lhe acontece. E

enquanto ele estiver com os amigos, aproveite para fazer coisas que você gosta e que lhe deem prazer. Não, por favor: ficar ligando para os telefones da agenda dele ou ficar tentando descobrir onde ele guardou a senha do computador não é diversão! É neurose, viu?

* Será que posso procurar dentro de mim em que momento eu me senti tão desamparada que, agora, estando com alguém ao lado, deposito nele todo esse sentimento não compreendido? Busque sozinha ou procure um psicólogo para investigar os motivos inconscientes.

* E se seu ciúme tiver motivação? Bom, se você estiver sendo enganada, mas não for uma possessiva ciumenta, provavelmente sua reação será diferente do que estamos discutindo aqui. Mas, se apesar de todo seu esforço em manter vigilância total sobre o outro ainda assim a traição estiver ocorrendo... QUE BOM! Você poderá perceber que não adiantou nada viver atormentada por tantos medos e que, na próxima relação, é melhor aproveitar os bons momentos, sem grandes preocupações porque ninguém segura ninguém, mesmo com contrato e papel assinado. Também poderá perceber que, se o outro, mesmo tendo razão de estar cansado dos seus chiliques, resolveu partir para outro relacionamento ANTES de terminar com você, é alguém que não é capaz de receber seu afeto, pois não tem competência para uma troca honesta. Então você estará se livrando de um problema. Vai doer, mas você ficará mais forte, pois poderá perceber que não ter alguém que não merece seu afeto por perto é um alívio.

Resumindo: você deve voltar toda a atenção para dentro de si quando perceber que esse sentimento

de posse,
de ciúme,
de medo de perda

se manifesta.

Olhar para ele de forma corajosa,
honesta,

Desmembrá-lo e desbravá-lo será sua grande e honrosa libertação.

Ser dominada pelo ciúme e posse é uma grande prisão.

Não se vive sem liberdade de sentir!

E ciúme não é um sentimento libertador; muito ao contrário:
aflige,
tira a paz,
e quando se quer amar e ser amada, com certeza não é na condição de prisioneira que se consegue isso.

Dicas

* Mantenha uma vida social ativa. Não se deixe tomar totalmente pela necessidade de estar em companhia do amado. Ele não vai levar com ele o ar que você respira.

* Procure fazer atividades e programas onde compartilhar com amigos seja muito prazeroso. Jantar com colegas de trabalho ou de curso faz parte significativa dessa divisão de atenção.

* Vá sozinha a algum programa como cinema, livraria, uma apresentação cultural. Isso pode ajudar a desenvolver sua capacidade de treinar a satisfação da própria companhia. Mas não vale ficar ligando para o amado para saber onde e com quem ele está. Nem fazer inquérito, ficar cheirando sua camisa e inspecionando sua cueca...

* Observe com atenção amigas/amigos que expressam ciúmes ou se comportam de forma possessiva com o companheiro. É interessante estar na posição de observador de algo do qual também somos vítimas. Isto nos facilita

perceber o quanto de exagero, descontrole e carência estão presentes naquela situação. E quão constrangedor é ser protagonista ou vitima de tais atitudes.

* Procure manter uma atividade física. Vá à academia, caminhe num parque, se entretenha e tenha satisfação com uma atividade corporal. A ideia é ter outros focos, pensar em outros assuntos. Não tem nada mais chato que pessoas que só falam da mesma coisa o dia todo! Não há amizade nem romance que aguente!

* Pratique meditação. Poder observar como suas emoções podem ser turbulentas pode lhe dar condições de ver o que vêm de dentro de você, lá do inconsciente.

* E, se sentir que não é possível dar conta sozinha desse turbilhão emocional que toma conta de você, não tema, procure uma psicoterapia para ajudar a desvendar como foi construído esse medinho que foi crescendo e virou um monstro pavoroso. Faça isso antes que esses sentimentos aumentem e lhe causem mais dor. A sensação de liberdade e paz que você irá desfrutar vale qualquer esforço que você faça nessa direção. Vamos lá: coloque toda essa energia que está sendo mal direcionada para agir em seu favor. Você sabe que quando quer uma coisa vai até o fim! Coragem!

Guia prático para identificar uma autêntica

Mulher ciumenta

* Habitat natural – locais com janelas, extensões de telefone; portas entreabertas; clima seco, ácido, sombrio, tenso, pesado. Objetos escuros, duros; cores escuras, tons fortes.

* Temperatura – quente.

* Som – músicas dramáticas, passionais, que retratam traições, vinganças e "dor-de-cotovelo".

* Aroma do habitat – seco, ácido.

* Alimentos – sabores fortes, apimentados ou adocicados em excesso. Carne vermelha, texturas fibrosas.

* Carro – clássico, de cor escura, com filme enegrecido nos vidros, GPS, bloco para anotar quilometragem rodada. Sempre limpo por dentro para ficar bem visível qualquer objeto caído ou esquecido nos bancos ou no assoalho do carro.

* Postura – rígida, atenta, alerta, nervosa, inquieta.

* Aparência – sombria, nervosa, mãos inquietas, maquiagem com ênfase no olhar (penetrante e dirigido aos outros de soslaio) Perfume: extratos secos, amadeirados ou cítricos, porém sempre densos. Cabelos com bom corte.

* Roupas – sociais/sexys, mas sem exagero. Sapatos socias, com salto.

* Acessórios – óculos, aliança grossa, joias pesadas, com pedras de cores fortes ou escuras.

* Bolsa – clássica, escura grande com muitas divisões.

* Dentro da bolsa – celular com zoom, camêra fotográfica e gravador, lupa, óculos de sol, senha do celular do companheiro, bloco com números de telefones suspeitos, senha do cartão de banco do companheiro e endereço de uma possível amante dele, cópia da chave do carro do companheiro, página arrancada da agenda do parceiro,

ticket de restaurante e bar encontrado no bolso do companheiro, cigarro e isqueiro, telefone de uma vidente, um astrólogo e um tarólogo, patuá para "amarrar" o parceiro, floral para despertar o amor do parceiro (para pingar escondido na bebida dele), panfleto de propaganda de um detetive particular e de um pai de santo que acaba com a concorrência, canetas, binóculos, calmantes e remédios para estresse, depressão, pressão alta.

> "De noite eu rondo a cidade a te procurar, hei de encontrar.
> E nesse dia, então, vai dar na primeira edição:
> 'cenas de sangue num bar da Avenida São João'"
>
> *Ronda – Paulo Vanzolini*

> "Dei pra maldizer o nosso lar,
> pra sujar teu nome, te humilhar,
> e me vingar a qualquer preço,
> te adorando pelo avesso,
> pra provar que inda sou tua,
> até provar que inda sou tua..."
>
> *Atrás da Porta - Chico Buarque e Francis Hime*

> "Eu gostei tanto, tanto, quando me contaram,
> que te encontraram bebendo e chorando na mesa de um bar...
> Eu gostei tanto, tanto,
> que tive mesmo que fazer esforço pra ninguém notar"
>
> *Vingança - Lupicínio Rodrigues*

"Quero ficar no teu corpo como tatuagem,
que você pega, esfrega, nega mas não lava.
Quero ser a cicatriz risonha e corrosiva,
marcada a frio, ferro e fogo em carne viva..."
Tatuagem – Chico Buarque e Guerra

"Eu não sei se o que trago no peito,
é ciúme, despeito, amizade ou horror,
eu só sei é que quando eu a vejo,
me dá um desejo de morte ou de dor..."
Nervos de Aço – Lupicínio Rodrigues

"Longe do meu domínio
você vai de mal a pior,
vem que eu te ensino
como ser bem melhor."
*Como eu quero –
Paula Toller e Leoni*

"Precisar dominar os outros é precisar dos outros."
Fernando Pessoa

"Ciúmes é o medo disfarçado de amor."
Anônimo

"Os ciumentos não precisam de motivos para ter ciúmes.
São ciumentos porque são. O ciúme é um monstro quc
a si mesmo se gera e de si mesmo nasce."
Shakespeare

Mulheres Mimadas

"Ah, se eu fosse você,
eu voltava pra mim..."
Pra você – Silvio Cesar

Depoimento A

"Desde pequena era elogiada em casa por ser a mais bonita, a mais graciosa, a mais inteligente. Meu pai sempre fez todas as minhas vontades. Casei-me com um homem mais velho e rico que me tratava com o mesmo carinho que meu pai. Ele achava engraçado meu modo imaturo e infantil de me relacionar e conseguir o que queria. Depois as coisas mudaram: ele parecia não achar mais divertido meus modos e fui ficando rabugenta, briguenta. Quanto mais ele me ignorava ou criticava, mais furiosa eu ficava, fazia birras e dava chiliques. Até que um dia ele foi embora. Meus filhos se afastaram. Dizem que sou egoísta, que só faço o que quero e nem me importo com os sentimentos dos outros. Abri mão de muitas coisas para estar ao lado do meu marido, sendo a "grande mulher por trás do grande homem". Fui a melhor anfitriã que um executivo poderia ter: perfeita e atenta a todos os detalhes. Me sinto perdida: uma mulher não é nada sem marido. Ninguém respeita! Agora, quem vai fazer tudo por mim?"

Depoimento B

"Sempre fui a princesinha da minha casa. Tenho dois irmãos mais velhos, de modo que me tornei a queridinha da família. Sempre fizeram minhas vontades. Na adolescência, só gostava dos rapazes que faziam tudo o que eu quisesse. Depois de algum tempo eu me cansava e buscava um novo relacionamento. Até conhecer João. Ele tem um temperamento forte e eu quero o tempo todo dominá-lo. Isso já gerou muitos atritos entre nós. Vivemos brigando porque não admito que ele me questione sobre o que devo fazer, como devo agir. Ele diz que faço cenas terríveis quando ele não faz as coisas do meu jeito. Sei que às vezes eu exagero, jogo coisas longe, quebro o que vejo pela frente, xingo, desrespeito, mas acho que tenho o direito de ficar brava o quanto eu quiser, já que ele é meu namorado e devia concordar comigo em tudo e me dar toda a atenção."

O Fato

A mulher mimada está sempre voltada para
seu próprio umbigo,
seus próprios interesses.

Por ter sido mimada quando criança, não entrou em contato com
frustrações,
desapontamentos,
desafios.

Por ter sido poupada de ver a vida como ela é, ou seja,
com contrariedades,
frustrações,
limitações,
cresce julgando que não é preciso fazer acordos,
ser flexível,
ser razoável,
para resolver questões.

Quando surge uma contrariedade qualquer, tenta impor seu ponto de vista e não se coloca no lugar do outro para ver a questão por outro ângulo. Quer que tudo se resolva à sua maneira e, quando percebe que o mundo não reage dessa forma aos seus anseios,
se assusta,
grita,
perde limites,
e depois... se sente a pior das pessoas.

Ao invés de encarar a dificuldade,
se irrita,
deixa os outros falando sozinho.

Esconde sua insegurança,
medo,
perplexidade da vida
sob um falso manto de autossuficiência.

Refugia-se em sua torre de marfim, longe dos comuns mortais para não ter que enfrentar objeções, nem entrar em contato com o sofrimento dos que estão ao seu redor.

A mulher mimada geralmente cresce em uma família onde a figura masculina, aos seus olhos, detém o poder. Nesse ambiente a figura feminina tenta ter o mesmo poder, mas isso não lhe é permitido, pois seu papel é o de ser apenas uma presença adorável e frágil.

Dessa forma, desde cedo aprende a agradar e manipular os homens ao seu redor. Ela não acredita no seu potencial feminino e só se sente segura em companhia (do poder) dos homens. Ao fazer esse movimento de se aproximar dos homens acaba por se achar "sócia" do seu poder. Ela o reconhece como senhor e rei e sua manipulação faz com que seu homem se sinta forte e poderoso.

Quando essa mulher se casa (e ela não quer e não sabe viver sem marido!) ela colabora muito para que ele alcance sucesso pois ...

se ele é Rei, então, ela é Rainha!

E julga que o progresso dele é dela também, mas, em troca dessa dedicação, exige que ele faça TODAS as suas vontades.

E ela quer TUDO: casa confortável,
status,
segurança,
filhos maravilhosos,
viagens fantásticas,
excelente qualidade de vida e,
principalmente,
dedicação total 24h por dia!

É uma mulher exigente e que não passa despercebida.

Aliás, posição social,
respeito e
reconhecimento
são importantíssimos para ela. Gosta de estar cercada por parentes e amigos mas é mais pelo respeito e reverência que ela quer que lhe deem do que pelos laços de afeto e amizade que lhe têm.

E, se alguém cometer a imprudência de criticá-la ou não reverenciá-la como julga que merece,

fica furiosa,
mal humorada e
intratável.

Todos estão errados e só ela é que tem razão SEMPRE.

Julga ter o direito de maltratar,

destratar as pessoas e
tomar atitudes impensadas e
impulsivas

simplesmente porque "eu quero"/"eu sou assim".

Dessa forma, fica com a imagem de ser inflexível,

egoísta,
arrogante,
insensível,
autoritária,
impiedosa,
elitista.

A mulher mimada geralmente tem o pai ou marido que lhe faz todos os caprichos e, dessa forma, ela sacrifica de bom grado sua liberdade e seus potenciais criativos (femininos) em troca do poder masculino (que ela pensa ser dela também).

Enquanto ela se sentir dona do poder e estiver dando ordens, ela não sentirá falta do amor e do carinho das pessoas ao seu redor. Basta que lhe tenham respeito e a obedeçam. Sua sensibilidade e afetividade estão a serviço exclusivo da sua manipulação para se manter no poder.

Ela está sempre por trás do seu homem instigando-o a realizar todos os seus desejos. E quanto mais ele faz, mais ela quer e cobra. Quanto mais poder ele tiver, mais ela o pressionará para alçar voos ainda mais altos. E isso gera tensão ao invés de laços de afeto.

A Armadilha

Se você sabe que é uma mulher mimada, trate de sair logo dessa armadilha porque é você quem mais vai se machucar nessa situação.

É muito bom

ser paparicada,
ser tratada como rainha e
ter todos seus desejos atendidos.

Mas o mundo não perdoa este tipo de postura e vai cobrar bem caro pela sua petulância!

Quando você abre mão dos seus potenciais porque "não precisa deles" nem imagina o quanto irá correr atrás deles depois...

Ao insuflar o progresso do seu companheiro você, que é mimada, não percebe que o progresso é DELE, não seu!

E, quando ele não suportar mais as suas

manipulações,
exigências,
rabugices,
intimações,
incompreensões,
tiranias,
opressões,

E resolver – do nada! – ir embora, você perceberá que, junto com ele se foi o poder que você julgou possuir.

E ai você se verá no vazio,

sozinha,
sem poder!
Uma rainha deposta,
sem súditos!

Toda mulher mimada acha que seu homem lhe será eternamente submisso, passivo... até que um belo dia ele se vai, sem aviso prévio !

E o que sobra é uma mulher... sem marido nem reinado!

E para quem é mimada não tem desgraça pior no mundo do que essa, não é?

Quem vai atender aos seus caprichos?

Quem irá respeitá-la se você se sente usurpada dos seus direitos?

Quem irá obedecê-la?

Quem suportará suas exigências?

E o pior é que, como você só se aproximava das pessoas numa relação de poder, agora que não manda mais nada, o que pode esperar das pessoas?

Você nunca demonstrou por elas
nenhum afeto,
preocupação;
como esperar,
querer
agora que lhe consolem,
se aproximem,
lhe digam o quanto gostam de você?

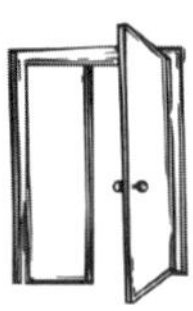

A Saída

Você construiu sua própria torre de marfim,
se instalou lá no alto,
jogou fora a escada para não lhe perturbarem.
Agora... será você mesma,
com seu próprio esforço
que terá que descer do alto para se aproximar das pessoas ao redor.

E isso só acontecerá se você acordar rápido e
tiver sorte e
boa vontade.

Dizemos isso porque, muitas vezes, antes que você perceba o que vai acontecer, o mundo se encarrega de atirá-la lá do alto e, de repente, você se verá de cara no chão, tendo que se levantar e cuidar das feridas emocionais provocadas pela queda, sob os olhares curiosos das pessoas em geral...

Estarão todos lá, esperando você se pronunciar e VOCÊ terá que mostrar a todos que se importa com eles e os ama.

E terá que deixar de lado sua "preguiça" em fazer o que já sabe que sabe fazer. Não existem mais súditos para cumprir suas ordens.

VOCÊ terá que se virar sozinha!

Como não aprendeu antes
o valor
de crescer,
de ter uma identidade,
terá que construir isso agora.

É um caminho árduo,
solitário,
doloroso
mas que lhe trará muitas alegrias,
recompensas.

Seja corajosa e comece JÁ a sair da sua torre antes que o mundo a derrube! Bem-vinda ao mundo dos mortais!

Ponha sua cara para fora da janela: comece a perceber que existe vida fora do seu mundinho particular e que a maioria das pessoas de quem você sempre teve tanto medo (ou desprezo) são sensíveis e afáveis e retribuirão o carinho que você lhes demonstrar.

Algumas pessoas não estarão dispostas a uma aproximação e você terá que
aceitar essa situação,
sentir essa frustração e
entender que nem tudo o que você deseja pode ser realizado.

Não depende só de você e da sua vontade.

O outro existe e também tem desejos e direitos.

Esteja certa de que, apesar do seu egoísmo, a grande maioria das pessoas estará pronta para lhe abraçar e dar boas vindas ao seu novo modo de viver e se relacionar!

Dicas

Se você se identificou com os comportamentos que foram citados...

ALERTA! ATENÇÃO!

Você está em perigo! Sair do padrão do mimo exige que você se observe honestamente.

Observe suas reações quando se vê contrariada:

Você esperneia?

Dá chilique?

Grita?

Se revolta?

Não aceita a proposta dos outros?

Então você é uma perfeita mimada!

* Que tal praticar uma atividade física vigorosa? Deste modo, ao invés de sair berrando e quebrando tudo, você terá um autêntico saco de pancadas para descarregar suas frustrações. E sem perigo de ferir ninguém!

* Sabe aquela amiga para quem você não telefona há muito tempo? Pois é; que tal ligar para ela e saber como está? (Não vale telefonar para quem você estava querendo mesmo pedir um favor).

* Vá visitar aquele parente adoentado e que ficará muito feliz com a sua companhia. Mas não vale ir vê-lo só quando ele estiver nas últimas, só para não sentir remorsos. Ou saber se ele lhe incluiu no testamento...

* Faça um trabalho voluntário. Você vai descobrir que é bom ouvir o que o outro tem a dizer e entrar em contato com as suas necessidades (dos outros). Até é capaz de você perceber que precisa bem menos do que imagina

para viver e ser feliz. E que tem mais recursos e talentos do que imaginava.

* Faça alguma prática meditativa ou yoga para entrar em contato com sua energia interior e ter mais controle sobre suas emoções.

* Convide aquela amiga que está desempregada e com sérios problemas financeiros para passar uma semana em sua casa de campo. Sim, o convite deve ser para uma amiga falida, sem nenhuma possibilidade de retribuição. Não vale convidar a irmã do diretor daquela empresa com a qual você deseja fechar um contrato.

* Vá conhecer a casa onde mora seu funcionário - aquele com quem você berra e destrata de vez em sempre. Compare com a sua.

* Visite, pelo menos uma vez por ano, um hospital, creche ou asilo para entrar em contato com a sua humanidade e agradeça a oportunidade que o outro lhe dá de exercer a sua compaixão.

* Vá correndo procurar uma psicoterapia, pois você precisará de apoio quando seu mundo cair...

Guia pratico para reconhecer uma legitima

Mulher mimada

* Habitat natural – arrumado, claro, bem decorado, com móveis e objetos bonitos.

* Temperatura – quente.

* Som – canções de amores utópicos, em clima romântico, onde o homem enaltece, endeusa e faz todas as vontades da amada.

* Aroma do habitat – perfumes florais adocicados, lavandas suaves.

* Alimentação – saborosa, porém com temperos suaves e adocicados, biscoitos, balas, doces. Tudo que agrada uma criança.

* Carro – novinho, bonito e da moda. Limpo e com todos os acessórios. Pode ser de qualquer cor; de preferência diferente da cor do carro anterior.

* Postura – rígida, nervosa, inquieta enquanto não consegue o que deseja e está na fase de birra. Relaxada depois que já obteve seu intento.

* Aparência – leve; arrumada; parece mais jovem do que é; cabelos bem cortados, unhas bem cuidadas, perfume suave e doce; floral.

* Roupas – clássicas, modernas com bom corte e de boa grife; tons claros, pastéis. Acessórios exclusivos, delicados, joias valiosas. Sapatos de todos os tipos (tênis, sandálias, sociais) sempre novos e com algum detalhe.

* Bolsa – tamanho médio ou pequena, social ou não, mas sempre com algum detalhe ou penduricalho valioso e bonito.

* Dentro da bolsa – celular lindo e de última geração, talão de cheques, cartões de crédito e de cliente preferencial de diversas lojas. Chaves do apartamento, do carro, da

casa de praia, do sítio, sempre em um chaveiro valioso e lindo, kit de beleza com maquiagem suave e objetos delicados que afaguem sua meninice, catálogo da joalheria, telefone das amigas, da mãe, da irmã e do companheiro para que a socorram nos momentos em que tiver um "pití", telefone do *personal trainer*, da estilista e da manicure que atende em casa, orçamento da nova decoração da sala, e-mail desaforado de uma ex-amiga, calmantes, moderador de apetite, antidepressivo, remédio para pressão alta.

"Nunca vi fazer tanta exigência,
nem fazer o que você me faz,
você não sabe o que é consciência,
nem vê que eu sou um pobre rapaz."
Amélia – Ataulfo Alves e Mario Lago

"A gente briga,
diz tanta coisa que não quer dizer,
briga pensando que não vai sofrer,
que não faz mal se tudo terminar..."
Castigo – Dolores Duran

"Dotô, jogava o Flamengo, eu queria escutar,
chegou, trocou de estação, começou a dançar...
se eu mudo de emprego que é pra melhorar,
levou a mãe dela pra ir morar lá...
Ai! Quero me separar!..."
Incompatibilidade de Gênios –
João Bosco e Aldir Blanc

"Sei que você fez os seus castelos
e sonhou ser salva do dragão,
desilusão, meu bem,
quando acordou estava sem ninguem
(...)
Filosofia, poesia, é o que dizia minha avó,
antes mal acompanhada do que só;
você precisa é de um homem pra chamar de seu,
mesmo que esse homem seja eu..."

Mesmo Que Seja Eu – Erasmo Carlos e Roberto Carlos

"...é impossível ser feliz sozinho..."

Wave – Tom Jobim

Mulheres Naturais

"Às vezes ouço passar o vento e
só de ouvir o vento passar,
vale a pena ter nascido"
Fernando Pessoa

Depoimento A

"Sempre gostei do contato com a natureza. Nunca me imaginei vivendo em uma cidade grande. Não aguento muito o barulho, a agitação... Detestava trabalhar em uma grande empresa. Era um sacrifício ter horário para levantar, vestir aquela "fantasia" de executiva: roupa desconfortável, cabelo preso, sapatos acabando com os pés. Ambiente fechado, ar condicionado, luz artificial, horário, rotina, convivência forçada, um horror!

Quando fui morar em Florianópolis me encontrei. Poder surfar logo pela manhã, sentir o sol e a água, isto me recarrega. Estou trabalhando em uma empresa de ecoturismo. Lá me sinto solta, viva! Fazer trilhas, descer cachoeiras, sentir meus cabelos ao vento... não tem nada melhor.

Muitas vezes minha família me cobra o fato de eu não ter casado, não ser muito vaidosa. Mas me sinto feminina sendo do jeito que sou. Curto meu corpo como ele é. Não quero mudar nada nele. É claro que gosto de namorar. Mas só se for um bom companheiro de aventuras que me dê espaço e liberdade para viver.

Agora estou me mudando para um local mais distante, pois minha academia de surf está desenvolvendo um projeto de yoga e esse local é privilegiado. Juntar a yoga com o surf está sendo um projeto de vida. Vou morar num local isolado onde posso levantar mais cedo, meditar e ir para o mar. Estou muito realizada. Nem nos meus sonhos imaginei chegar aos 36 anos vivendo assim."

Depoimento B

"Nunca pensei em me casar. Mas sempre quis ter um filho. Quando conheci A., num restaurante vegetariano que costumava ir e ele era o dono, achei que seria a pessoa ideal. Começamos a sair, mas não tínhamos nenhum compromisso. Até que engravidei. Ele não quis assumir, disse que nunca pensou em ser pai. No início, fiquei com raiva dele mas depois percebi que seria muito melhor assim. Afinal não aguentaria ter alguém direto ao meu lado, tirando minha liberdade. Criei meu filho sozinha. E foi muito bom. Sempre fomos muito amigos, companheiros. Agora que ele está fazendo faculdade em outra cidade, sinto falta dele mas já aceitei que é o melhor para ele. Estou tendo mais tempo para meus treinamentos pois participo de maratonas. Minha terapeuta me estimula a encontrar um namorado mas não sei... nunca quis um homem direto ao meu lado, gostei só de ter meu filho pois fazíamos coisas juntos e conversávamos muito. Agora, um namorado... e se ele quiser tirar minha liberdade?"

O Fato

Somos herdeiras de um modelo social que delineou papéis desempenhados pelas mulheres. Desta forma, os papéis de mãe, esposa, amante, filha, profissional, embora nem sempre desempenhados com facilidade e total adequação são, de certa forma, aprovados e incentivados pela sociedade.

Entretanto, entender e aceitar uma mulher que foge a todas essas expectativas e que encontra satisfação em companhia de si própria e de sua liberdade, que pode viver isolada de convívios frequentes e que o contato com a natureza e os animais lhe são revigorantes e motivadores, ainda é difícil compreender.

É para essa mulher que carrega um senso de liberdade muito grande, que iremos escrever.

Coragem,
liberdade,
naturalidade,
independência
são as expressões mais marcantes para sua vida.

A vida em uma cidade grande,
dentro de uma empresa,
convivendo com muitas pessoas,
lhe parece um caos.

Ela se desconecta,
se sente intimidada,
sufocada.

Afinal, seu corpo e alma pedem
exercício,
atividade,
ação,
trabalho

Mas tudo isso
de forma natural,
em contato com a natureza.

Para essa amazona moderna, qual o sentido que a vida tem enclausurada dentro de rotinas estressantes ?

Como viver bem quando sua liberdade tem pouca possibilidade de ser vivenciada?

Sua natureza necessita de espaço, seu corpo pede ação, força, sol, vento...

Qual o melhor "habitat" para vivenciar isso?

Fazer o que se gosta, não se submeter a uma hierarquia, a uma chefia, são "necessidades" essenciais a essa mulher. Como se sujeitar a uma vida rotineira,
urbana,
cheia de horários pré-estabelecidos,
obrigações?

Nas cidades grandes,
agitadas,
com solicitações de cumprimento de tarefas estressantes, onde ter uma vida conectada com um ritmo mais natural e prazeroso, tendo tarefas que exijam força física, liberdade de movimento e respeito à natureza se torna algo tão difícil de ser vivido, o desenvolvimento e integridade dessa mulher livre, autônoma, forte, parece algo impossível.

Talvez, por isso, ela seja alguém difícil de se encontrar no cabeleireiro, no esteticista, nas grandes empresas, em chá beneficente...

Mas ela existe!

Só que em lugares onde toda essa sua necessidade interna tenha espaço e possibilidade de ser vivida.

Ela pode estar nas fazendas,
no campo,
em projetos de proteção às mulheres,
em programas ambientais,
alternativos,
nos esportes,
nas artes.

Com certeza ela nunca será vista como uma mulher convencional, adaptada. Nem quer isso!

A Armadilha

A liberdade de exercer sua vocação mais íntima, suas solicitações internas, é um desejo quase irreal para muitas mulheres.

Mesmo nos nossos tempos, supostamente mais livres e permissivos, ainda é mais fácil ver com naturalidade

uma mulher empreendedora,
uma profissional liberal bem sucedida ,
uma executiva que cuida do corpo e da sua beleza

do que uma mulher que gosta de estar só,

que tem força física
que aprecia sua liberdade,
sua autonomia,
que não tem necessidade de ter um homem para "chamar de seu," mas que quando encontra um parceiro que lhe parece um bom companheiro, tem uma relação muito igualitária com ele.

Muitas vezes pode ser confundida como uma mulher que não gosta de homens ou ser tachada de "masculina"; pode ter sua sexualidade confundida, assustando pessoas que têm padrões internos conservadores quanto ao comportamento da mulher e do homem.

Essa mulher definitivamente não tem muito espaço de autorrealização dentro de contextos limitantes. Por isso, viver em uma cidade grande, com regras de convívio e normas de rotina mais enquadrados, não é seu "habitat".

Com certeza, desde criança deve ter percebido essa sensação de "estranheza", de não se sentir igual às outras meninas.

Provavelmente os esportes e as brincadeiras com os meninos lhe pareciam muito mais interessantes.

Com certeza sua adolescência não foi nada fácil.

Afinal, não devia achar graça no jeito de sedução de muitas meninas quando queriam namorar os garotos;

não devia gostar
das "festinhas"
dos jogos de sedução e fofocas.
não devia gostar, também,
de ficar lendo romances....
de ir ao cabeleireiro fazer as unhas...

Afinal, ela já se sentia fazendo parte de outro mundo.

Sorte daquelas que puderam se voltar para uma vida mais natural, encontrando
tarefas,
atividades
que combinassem com sua natureza mais
simples,
sensual,
sem sofisticação,
onde seu corpo forte tem energia para trabalhar em atividades que exijam força física,
liberdade,
independência.

Angústia para aquelas que tiveram que ficar numa cidade grande, dentro de famílias com padrões de feminilidade completamente diferentes do seu, nas quais ter um namorado e sonhar com um casamento é um projeto essencial para uma mulher ser feliz e a beleza é medida por trejeitos,
ornamentos e
padrões estéticos da moda.

Angústia para aquelas que ficaram sem espaço
para sua movimentação física,
para sua beleza rústica,
para seu modo natural de ser.

A Saída

Se você viu semelhanças entre o que foi descrito acima e o que você sente, vive ou se percebe, saiba que não está só, que não é esquisita nem apresenta algum distúrbio ou problema maior.

Você é ou está apenas "encarnando" uma faceta muito pouco reconhecida e valorizada do feminino.

Você está em contato com uma imagem arquetípica representada simbolicamente pela deusa Ártemis, imagem de um feminino

guerreiro,
caçador,
solitário,
livre,
independente.

Óbvio que viver numa cidade onde esses atributos são pouco valorizados por conta de outros aspectos femininos mais reforçados, não é nada agradável e deve fazer você ter a sensação de inadequação,

inutilidade,
menos-valia.

O que, então ,fazer com essa disposição

para lutar,
usar seus recursos de guerreira solitária

mas não parecer um ser de outro mundo?

Primeiro, reconhecer que você não tem um problema.

Apenas não está adaptada ao contexto em que vive.

Depois, procurar perceber onde se sente bem. Em que locais, com que pessoas, em que situações. Se permita ter seus momentos

de isolamento,
contato com a natureza,
seus prazeres "esquisitos" como dormir nua...

Dicas

Considere-se uma privilegiada!

Ser considerada simplesmente estranha ou esquisita é muito melhor do que ser neurótica,

fútil,
estressada,
mal humorada,
pegajosa,
maluca ou
histérica,

como tantas outras.

Assuma-se como... excêntrica. Isso é muito chic!

Você apenas tem uma percepção diferente do que seja ser mulher!

Se ainda assim lhe parecer difícil conviver com essa "estranheza", "esquisitice" e excentricidade que habita em você, não se recolha nem se afaste das pessoas e não tema em buscar uma psicoterapia visando apenas se sentir confortável com seu conceito de feminino.

Você não deve mudar a sua essência, mas apenas se aceitar plenamente procurando locais, trabalho e o convívio com pessoas que, como você, reconheçam e valorizem suas qualidades.

Que, aliás, não são poucas!

Guia pratico para reconhecer uma legitima

Mulher natural

* Habitat natural – ambientes claros e arejados, ar livre, parques, montanhas, praias, locais onde esteja perto do sol, da chuva e do vento.

* Temperatura – fresca

* Som – canções que falam da natureza e de amores livres de convenções; sons da natureza, por exemplo: chuva caindo, vento forte, folhas farfalhando, mar, pássaros.
* Aroma do habitat – de mato molhado, jasmim, hortênsias, odores refrescantes.

* Alimentação – simples, natural, com temperos de ervas frescas, sem agrotóxicos e vinda de empresas que não agridem o planeta, muitas frutas, verduras e grãos.

* Carro – modelo popular ou esportivo pequeno e econômico ou um utilitário para transportar suas plantas. Se dependesse só da vontade dela se locomoveria a pé ou de bicicleta.

* Postura – relaxada, sem tensão, natural.

* Aparência – transparece uma beleza natural, sem afetação, sem artifícios. Cabelos soltos ao vento, molhados ou secos naturalmente, unhas curtas e sem esmalte, perfume (lavandas refrescantes, jasmim, florais não adocicados).

* Roupas – se dependesse da vontade dela... nenhuma; andaria nua com seus longos cabelos soltos ao vento como a deusa Diana. Mas como fora da sua casa é preciso respeitar convenções, roupas confortáveis, soltas, de fibras naturais como algodão, etc. Batas, vestidos amplos e saias longas bem leves, blusas regatas ou de alcinhas, calças bem largas. Moletons, bermudas amplas. Tons pastéis, suaves, naturais. Sapatos baixos, ou sem salto ou sandálias ou tenis (mas o mais gostoso é ficar descalça!). Colares, pulseiras, cintos e tornozeleiras feitos de sementes, penas, ossos, cordões de algodão, conchas e outros materiais naturais ou reciclados. Essas são suas joias.

* Bolsa – de tecido ou material reciclado em forma de mochila com o básico necessário, de modo que possa ir fazer uma caminhada no parque ou passar a noite na casa de um amigo sem incomodar ninguém.

* Dentro da bolsa – garrafa de água mineral, barrinha de cereais, uma fruta, dinheiro (pouco), elástico de cabelo, uma muda de roupas, folder de pousadas onde deseja passar o próximo feriado. Foto sua abraçada com seu cão enorme chamado Tao; ticket do horti-fruti; propaganda de uma loja de produtos naturais; pequena agenda de papel reciclado com telefone do restaurante vegetariano, da loja de paisagismo, da sociedade protetora dos animais e do Greenpeace. Livro do Paulo Coelho; um baguá; varetas de incenso. Remédio homeopático e florais para equilibrar o fluxo de energia vital, alinhar os chacras e elevar o padrão vibratório. Celular de modelo bem básico, só mesmo para fazer ligações.

"Eu quero uma casa no campo...
onde eu possa plantar meus amigos,
meus discos e livros
e nada mais..."
Casa no Campo – Zé Rodrix e Tavito

"Gente da nossa estampa,
não pede juras nem faz,
ama e passa e não demonstra ,
sua guerra, sua paz..."
Boca da Noite – Toquinho e Vanzolini

"Não tenho paciência pra televisão,
eu não sou audiência para a solidão,
eu sou de ninguém, eu sou de todo mundo,
e todo mundo é meu também..."
Ja Sei Namorar – Tribalistas

"Eu sou sempre igual, não desejo mal,
amo o natural, etc e tal, Gabriela..."
Gabriela – Dorival Caymmi

"Ela vem toda de branco,
toda molhada e despenteada,
que maravilha,que coisa linda
é o meu amor..."
Que maravilha - Jorge Benjor

"Chiquita Bacana lá da Martinica,
se veste com uma casca de banana nanica
Não usa vestido, não usa calção,
existencialista com toda razão,
só faz o que manda o seu coração"
Chiquita Bacana – Braguinha e Ribeiro

"Caminhando contra o vento, sem lenço,
sem documento,
no sol de quase dezembro, eu vou"
Alegria, alegria - Caetano Veloso

Mulheres
Espiritualizadas

A mulher espiritualizada:
um capítulo à parte

A espiritualidade é um tema cada vez mais presente nos tempos atuais.

Frequentemente ouvimos as pessoas comentando sobre:

meditações,
orações,
estado zen,
florais,
astrologia,
numerologia,
energia sutil,
tarô...

Cada vez mais essa busca visa

aliviar tensões,
compreender o sofrimento,
harmonizar relacionamentos e
situações através dessas práticas.

Mas afinal, o que é espiritualidade?

Desde os primórdios, desde o momento que temos registros da caminhada humana, a questão

do sagrado,
do desconhecido,
do venerado,

sempre esteve presente na condição humana.

Nesse nosso caminhar fomos desenvolvendo práticas que nos davam uma sensação de proteção diante do que não tínhamos recursos para mudar, do mistério da vida e de todos seus percalços.

Chegamos a um momento em que

a tecnologia,
o conforto material,
as facilidades de comunicação

nos remeteram à ilusão de que havíamos conseguido controlar

as intempéries da natureza,
as doenças,
as dificuldades de sobrevivência.

Parecia que, ao atingirmos esse grau de desenvolvimento, não precisaríamos mais de Deus, fé, religião, práticas espirituais...

A ciência resolveria todos os nossos dilemas. Haveria uma pilula para cada dor...

No entanto, estamos submetidos aos
medos,
dúvidas,
angústias,
ansiedades,
inquietações profundas
que nos remetem às mesmas condições humanas de antigamente. Ou até piores!

Afinal, continuamos sem saber
de onde viemos
e para onde vamos.

Só percebemos que a caminhada não é tão fácil e simples como imaginávamos que conseguiríamos fazer.

Não conseguimos responder a uma série de injustiças e desigualdades que acreditamos existir e que nos expõem ao perigo.

Ao iniciarmos a construção do teste para identificação dos tipos de mulheres com as quais nossas leitoras poderiam melhor se identificar, nos demos conta que a condição de espiritualização não estava condizente e presente em nenhum dos perfis comentados.

Nos indagamos e, refletindo juntas, percebemos que essa condição, de verdadeira espiritualização, inicia-se quando saímos, superamos, de forma honesta, os aspectos femininos exemplificados nos outros tipos de mulheres citados. Esses aspectos se colocam como obstáculos para uma real elevação de consciência e do padrão vibratório de energia.

Queremos compartilhar com vocês essa nossa compreensão:

Quando estamos "presas" na condição competitiva, somos agressivas, o outro é visto como um inimigo, que temos que derrotar; nossa vontade é prioritária; não compartilhamos, impomos. A essência feminina fica sufocada.

Quando estamos "paradas" na condição maternal, apesar de toda nobreza em que essa função nos coloca, estamos apegadas, temos posse ou gostaríamos de exercer o controle do cuidado por tempo indeterminado. Não construímos a compreensão de que a verdadeira função materna é doativa e que apenas criamos os filhos e os entregamos à vida, ao mundo para que eles sigam seu destino.

Quando somos "tomadas" pela sedução e exercemos esse fascínio sobre o outro, somos egoístas, queremos que nosso "brilho" venha a partir do que o outro possa nos dar. Não exercitamos a beleza enquanto encantamento, enquanto harmonia para inspiração do outro, mas apenas para uso e deleite próprio.

Quando nos "tornamos" vítimas, manipulamos, chantageamos, abusamos do outro. Ficamos incapazes de perceber o quanto dificultamos a nossa caminhada e a de quem está próximo.

Quando somos possessivas, ciumentas, acreditamos ter o direito à posse do outro, atormentamos a nossa existencia e a do outro; não queremos compartilhar o amor, queremos a alma do outro.

Na nossa condição de mimadas, somos voluntariosas, egoístas, acreditamos ter o direito de ser o centro do mundo. Somos rainhas e o mundo existe para suprir nossas necessidades e as pessoas/escravas tem o dever de atender todos nossos desejos e caprichos. Síndrome de Cleópatra!

Quando estamos na condição de Naturais, nos voltamos para nossa interioridade, mas de forma não compartilhada. Queremos nosso bem estar, não incomodamos o outro (o que já é um grande avanço!) mas também não dividimos com ele o compreendido, o observado. Só nos interessamos pelos nossos próprios interesses...

Enfim, a condição de espiritualidade nos solicita termos nos transformado, termos conseguido sair desses obstáculos que nos rendem e prendem à condição de sofrimento.

Sim, sofrimento psíquico, sofrimento que nos acompanha onde estivermos.

Não adianta trocar de

roupa,
casa,
cidade,
carro,
trabalho,
marido...

É preciso

se transformar,
se purificar,
se elevar.

Praticar o desapego e

o amor compaixão.

Acredite:

Quando começamos a entender e aceitar que somos responsáveis pelos nossos problemas e obstáculos começamos nossa caminhada na direção da nossa integração.

As ARMADILHAS sinalizam onde está o perigo.

A SAÍDA é o modo como podemos nos desvencilhar desse padrão negativo.

As DICAS são as ferramentas que nos instrumentam para essa batalha interna.

Com certeza, será preciso muito foco e energia e, muitas vezes, as dificuldades de percurso nos farão duvidar se seremos capazes de transpor os obstáculos e de alcançar um novo padrão de vivência mais positivo e feliz. Mesmo que os tropeços aconteçam, e são normais algumas quedas e arranhões, não desanime!

A recompensa desse esforço nos remeterá

à alegria,

à paz de espírito,
à serenidade,
à aceitação compassiva e
amorosa da vida.

Você consegue se imaginar leve,
flutuando,
rindo à toa,
sendo amorosa e
generosa com todos ao redor?

Pois isso é possível!

E é exatamente assim que você vai se sentir quando compreender e integrar todas as suas facetas.

Não, não ria.

Não pense que isso é propaganda enganosa como a felicidade vendida na publicidade.

Se você acha que vamos dizer que, nesse momento, "todos seus problemas se acabaram", desculpe, mas você ainda não chegou à essa integração.

Você ainda não entendeu como essa "mágica" funciona.

Na verdade, problemas,
desafios,
preocupações,
sempre estarão presentes na vida mas o que vai mudar é o seu MODO de lidar com eles.

Coragem, amiga, que a caminhada nem sempre é suave, mas a recompensa vale todo e qualquer esforço!

"Ha, ha, ha, ha, ha, mas eu estou rindo à toa,
não que a vida seja assim tão boa,
mas um sorriso ajuda a melhorar"
Rindo à Toa - Falamansa

Guia prático para reconhecer uma real

Mulher espiritualizada

* Habitat natural – locais claros com energia leve. Clima de harmonia. Muito mais um estado d'alma do que um lugar fisico. Dificilmente estará em algum lugar onde costumam frequentar pessoas com interesses puramente financeiros ou onde haja jogos de sedução e disputa por poder.

* Temperatura – fresca.

* Som – canções de amor universal, alegria, harmonia, entendimento, ajuda mútua, sons suaves.

* Aroma do habitat – incenso, floral.

* Alimentação: a mais natural possível; pouca carne; pouca quantidade. Servida e degustada de modo ritualístico, louvando à Natureza, ao Universo.

* Carro – qualquer um que vá e volte sem causar danos a ninguém. Dirigido de modo equilibrado e gentil.

* Postura – relaxada, tranquila, sem tensões.

* Aparência – embora não se preocupe demais com isso, passa uma imagem de equilíbrio e confiabilidade. Seu olhar é doce e tranquilo. Seu sorriso reflete sinceridade e amorosidade. Abraço generoso e acolhedor. Palavras leves, sábias.

* Roupas – simples, sem ostentação. Tons harmônicos. Sapatos confortáveis. Acessórios simples com algum significado especial para ela.

* Bolsa – nenhuma ou uma pequena pochete prática para se locomover com seus documentos pessoais e chaves. Carrega dentro de si o que necessita. Não se sobrecarrega com coisas supérfluas.

"O acaso vai me proteger enquanto
eu andar distraído?
O acaso vai me proteger enquanto
eu andar..."

Epitáfio – Titãs

"Vou deixar a vida me levar,
pra onde ela quiser,
seguir a direção de uma estrela
qualquer..."

Vou deixar – Skank

"Mas é preciso ter manha, é preciso ter graça,
é preciso ter sonhos sempre,
quem traz na pele essa marca,
possui a estranha mania de ter fé na vida..."

Maria, Maria – Milton Nascimento e Brant

"Nunca se entregue, nasça sempre com as manhãs,
deixe a luz do sol brilhar no céu do seu olhar,
fé na vida, fé no homem, fé no que virá,
nós podemos muito, nós podemos mais,
vamos lá fazer o que será..."

Sementes do Amanhã- Gonzaga Jr.

"Raindrops keep falling on my head,
but that doesn't mean my eyes will soon be turning red,
crying is not for me 'cause,
I'm never gonna stop the rain by complaining
because I'm free, nothing is worrying me ..."

Raindrops are falling on my head – Burt Bacharach

"Sou errada, sou errante,
sempre na estrada, sempre distante,
vou errando enquanto o tempo
me deixar."

Nada Sei – Kid Abelha

"Tudo passa, tudo sempre passará,
a vida vem em ondas como o mar,
num indo e vindo infinito..."

Como uma onda no mar – Lulu Santos e Nelson Motta

"Ela acreditava em anjos e, porque acreditava, eles existiam."

Clarice Lispector

"Quando o mistério é muito grande,
a gente não ousa desobedecer".

Saint-Exupéry

"Quando uma pessoa vive de verdade,
todos os outros também vivem."

Clarissa Pinkola Éstes

"Complicada e perfeitinha,
você me apareceu,
era tudo o que eu queria,
mulher de fases!"
Mulher de Fases – Raimundos

Capítulo para os homems

Depoimentos

"A mulherada tá fogo!"

"Não dá para entender essas mulheres. Elas falam uma coisa e fazem outra".

"Caramba! Ela é frágil como um trator!"

"Cada vez mais me convenço que mulher é tudo louca!"

"Toda mulher devia andar de burca. Afinal, ficam nos tentando e quando 'cantamos' elas, nos chamam de machista".

"Mulher de verdade era minha avó que toda manhã ia buscar meu avô no puteiro e nem reclamava".

"Acho incrível quando uma mulher recebe uma cantada com classe. Essa sabe "derrubar" um homem."

Essas colocações parecem ser a tônica das conversas masculinas dos últimos tempos.

Afinal, o que aconteceu para que vocês, homens, se sintam
tão estranhos,
tão confusos,
quanto ao que esperar e como agir/reagir diante das mulheres?

O que mudou para fazê-los se sentirem atônitos diante das mulheres de hoje?

Com certeza, vocês se perguntam: o que querem as mulheres nos tempos atuais?

As mulheres querem muita coisa parecida com o que vocês também buscam.

Na essência, todos nós, seres humanos queremos
nos sentir amados,
ter uma vida que consideramos de valor,
sermos reconhecidos por nossas qualidades,
curtir a vida.

Em resumo: queremos ser feliz!

Simples? Sim e Não.

É simples: quando essa busca nos faz refletir que é preciso muito pouco para alcançar essa tal felicidade.

Basta prestarmos atenção em nós mesmos,
observarmos nossos pensamentos,
nossos desejos e
nossos atos
a cada momento e conduzir nossas vidas com honestidade e disposição para colaborar conosco e com os outros.

Basta percebermos a beleza de cada dia nos seus menores acontecimentos e gestos. Prestarmos atenção aos outros e aos seus desejos.

Acredite: quando colaboramos com o universo, de coração aberto, ele nos devolve essa atenção em forma de felicidade. Experimente!

Não é simples quando se absorve com avidez tudo ao redor e se estabelece padrões de felicidade a partir do que é preciso possuir materialmente para se sentir mais amado.

Não é simples: quando
se compete predatoriamente com os outros para poder:
se afirmar
e ter mais poder,
e ter mais dinheiro,
e bens materiais
e isso não tem fim!

Pode parecer estranho, mas, quando partilhamos, estamos somando, enquanto que, ao acumularmos egoisticamente algo, subtraímos, encolhemos!

Com certeza, a dificuldade em ser feliz consiste exatamente em acreditar em pacotes prontos de felicidade a partir de objetivos e situações externas e de confronto com o universo, sem perceber que a felicidade e a harmonia vêm de dentro, do íntimo de cada um.

É claro que ninguém é feliz vivendo na miséria e passando fome! Estamos falando é da busca frenética e descontrolada por aquisições materiais com o "objetivo" de preencher um vazio existencial e/ou medir seu valor pessoal pelo saldo da conta bancária! Estamos falando do consumismo, que busca mostrar um castelo magnífico por fora e encobrir a miséria humana que habita lá dentro.

A dificuldade masculina em entender o que anseiam as mulheres é igual à dificuldade feminina em entender os anseios dos homens. E, no final, ambos buscamos a mesma coisa sem compreender que nenhum homem ou mulher poderá nos dar o que buscamos porque NINGUÉM poderá suprir o que temos que encontrar e desenvolver dentro de nós mesmos, sozinhos. Com certeza, é ótimo encontrarmos no caminho alguém que nos ajude a nos enxergar e a entender quem somos. Mas o outro não pode fazer isto por nós! Podemos fazer juntos, cada um buscando seu próprio crescimento.

Nesta sociedade visual em que vivemos, homens e mulheres estão confusos e não se entendem porque andam se enxergando apenas pela "casca exterior". Suas percepções descuidadas aliadas à pressa dos nossos tempos faz com que fiquemos apenas com um conhecimento superficial do outro. E por este enfoque, o TER é muito valorizado.

E o caminho da felicidade não é esse. Esse é um atalho que leva a relacionamentos

rápidos,
com pouco sentido e conhecimento e
muita confusão e desilusão.

Na verdade, homens e mulheres buscam as mesmas coisas, mas acabamos por nos esquecer que os caminhos que nos levam à felicidade devem ser diferentes.

Isto é: homens e mulheres têm o mesmo objetivo, mas o modo de alcançá-los é diferente simplesmente porque...

HOMENS NÃO SÃO IGUAIS ÀS MULHERES!

Não pensam igual,
Não sentem da mesma forma,
Não reagem à vida do mesmo modo!

E é ótimo que seja assim!

Biologicamente não são iguais (que delícia!).

Nossa sociedade espera de cada um de nós atitudes diferentes!

Resumindo: homens e mulheres não devem ser iguais, mas COMPLEMENTARES enquanto seres humanos.

Não estamos dizendo que devam ser "metades de uma laranja", etc.

Muito pelo contrário!

Devem ser pessoas plenas, inteiras e que levem essa "inteireza" para seus relacionamentos. Assim, terão uma convivência rica, cada um com seu papel.

Uma mulher que nega ou esquece sua função feminina, entrará numa relação com seu companheiro usando as armas do masculino e aí vemos esses casais que passam o tempo todo medindo quem tem o pênis maior...

Por outro lado, estamos observando recentemente, homens querendo assumir o papel feminino e fica muito estranho observar um casal competindo para ver quem tem o útero mais acolhedor.

Não estamos com isso tentando dizer que homens devam ser:

machistas,
grosseiros,
insensíveis e
alheios ao lado mais delicado da vida

E que mulheres devam ser:

frágeis como um cristal,
sem resquícios de racionalidade e
se esvaindo em sentimentos e emoções.

Isso é caricatura de ser humano!

Um homem sensível, que goste de filmes melosos e/ou que goste de cozinhar e de realizar tarefas domésticas não será menos homem por isso! Contanto que ele faça essas tarefas dentro de um padrão masculino e não imitando uma mulher.

Homens mais sensíveis ainda sentem preconceitos e críticas à sua "pouca masculinidade padrão", mas podem ser companheiros maravilhosos, que correspondam plenamente aos anseios da sua parceira.

Da mesma forma, uma mulher pode, por exemplo, dirigir uma empresa de modo eficiente, sem ser chorosa ou emocional, mas mantendo um padrão feminino e afetivo de relacionamento com seus funcionários.

Infelizmente, ainda há muitos esteriótipos na nossa sociedade e as pessoas ainda confundem

"ser forte" com "ser homem-macho" e
"ser delicado" com "ser afeminado".

Da mesma forma, uma mulher firme,

de opinião e
atitudes fortes e racionais

pode ser taxada de "mulher-macho".

Ainda temos muito a evoluir...

É óbvio que homens devem deixar vir à tona suas emoções e
mulheres devem por em prática toda a sua racionalidade
mas cada qual dentro do seu jeito, do seu gênero, isto é:
sem perder seu eixo de mulher ou homem.

SIMPLESMENTE PORQUE HOMEM É DIFERENTE DE MULHER!

Quando entendemos esta verdade, deixamos de tanta competição inútil e estamos prontos para entender o outro e construir relacionamentos mais felizes,

saudáveis e

duradouros.

Portanto, nossa dica para vocês, homens, é que sejam simplesmente...

Homens de verdade; isto é:

fortes,

protetores,

firmes,

gentis,

sensíveis,

companheiros e

educados.

Só!

Não tentem ser machões, brutos, grosseiros, arrogantes, superiores, intelectualmente privilegiados.

Mas, também – por favor! - não sejam fracos, melindrados, desprotegidos, inseguros e dependentes.

Não é nada disso que uma mulher espera de um homem!

Por exemplo, se você conhecer uma mulher que lhe deixa confuso e inseguro porque ela lhe parece ser muito intelectualizada e "dona de si", não entre em competição com ela.

Agindo assim, vocês só vão entrar em conflito e se machucar!

Saiba que, por trás dessa máscara racional, existe uma mulher sensível que está tentando (de maneira errada!) provar o seu valor e manter seu status de "ser pensante".

Trate-a com respeito e gentileza e ouça seus pontos de vista. Se não concordar com eles, argumente de modo educado e respeitoso e verá que ela deixará cair por terra suas defesas porque não estará mais se sentindo ameaçada.

Não sucumba à tentação de passar uma cantada vulgar nela ou fazer jogos e insinuações sexuais, pois ela ficará furiosa e VOCÊ será o alvo da sua ira...

JAMAIS trate uma mulher como se ela fosse um lindo bibelô, um bicho de pelúcia ou um ser desprovido de cérebro!

Aliás, quem lhe ensinou tais absurdos?!

Trate-a como uma PESSOA do mesmo nível que você e seus amigos homens, sem preconceitos e sem achar que mulheres são seres de 2ª categoria.

Tenha delicadeza e paciência em ouvi-la e descobrirá que ela pode colaborar muito para você ampliar sua visão de mundo (pois ela, certamente, terá uma ótica diferente dos acontecimentos).

Se ela estiver na TPM, aí tenha cuidados redobrados!

Mulher nenhuma acha graça em ficar irritada ou chorosa todo mês.

Acredite, não é intencional ou controlável. Trata-se de fato hormonal, alheio à nossa vontade.

Nesse período, não a provoque (você não sabe as consequências). Trate-a com mais carinho e atenção do que nunca.

E seja paciente.

Bastante paciente.

E não fique aí achando que é superior à nós por isso porque está provado que vocês, homens, têm uma parcela de responsabilidade em nossas TPMS.

Como assim?

Pois bem, estudos demonstram que mulheres que estão bem sexual e emocionalmente e são bem amadas, têm TPMS bem moderadas.

Já aquelas que não se sentem amadas, estão frustradas e magoadas com seus companheiros – bem, você já sabe o tamanho da fúria!

Portanto, a partir de agora, quando você for brincar, dizendo que sua parceira está com uma TPM brava, você sabe que tipo de homem tem sido para ela...

Para concluir, salientamos mais uma vez, que os papéis masculinos e femininos são complementares.

Quando um homem se comporta como um "homem de verdade", ele faz com que a mulher a seu lado aja de modo complementar, isto é, sendo uma verdadeira mulher.

E uma "mulher de verdade" será uma grande parceira:

amorosa,

dedicada,
disposta a partilhar tristezas e
alegrias do caminho.

A mulher que tem um homem pleno a seu lado, não tem porque fingir ou se afastar do seu papel de mulher:

Ela será forte, mas gostará de saber que tem um homem que a protege;

Ela será guerreira, mas ficará encantada com um homem que lute por ela (e com ela);

Será frágil e meiga, mas achará lindo proteger seu homem (quando ele tambem estiver fragilizado);

Gostará de lhe fazer insinuações e ser caçada porque a natureza ensina que a fêmea deve observar e escolher seu macho enquanto este faz tudo para chamar sua atenção.

Ele é o caçador.

Finalmente, não esqueçam jamais que toda mulher deseja ser amada e tratada como ser inteligente e interessante que é.

Simples assim...

"Mulher! Mulher!
Na escola
em que você foi ensinada
jamais tirei um 10,
sou forte mas não chego
aos seus pés..."
Mulher – Erasmo Carlos e Nara

"Dizem que a mulher é o sexo frágil,
mas que mentira absurda."
Mulher – Erasmo Carlos e Nara

"Gosto que me enrosco de ouvir dizer,
que a parte mais fraca é a mulher.
E o homem com toda fortaleza,
desce da nobreza e faz o que ela quer"

Gosto que me enrosco – Sinhô/Zéu Britto

"Você é curva de rio,
você complica,
muda de jeito, de assunto,
não sabe se vai ou se fica,
me explica."

Pássaro Raro – Ronnie Von/Isolda

"Parecia que não ia acontecer com a gente,
nosso amor era tão firme, forte, diferente."

Isso – Titãs

"Por tras de um homem triste há sempre uma mulher feliz,
e atrás dessa mulher, mil homens sempre tão gentis,
por isso para o seu bem, ou tire ela da cabeça
ou mereça a moça que você tem..."

Deixe a Menina – Chico Buarque

"Os homens, por pressa, por medo de amar
passaram por ela sem nada encontrar,
levaram consigo o engano de quem não viu,
nem sabe de que fugiu da estrada, da estrela,
ficaram comigo seus medos se dando aos meus
no leito em que renasceu Marcela."

Berço de Marcela – Taiguara

“Perdão à namorada é uma coisa normal,
mas é que tenho que manter a minha fama de mau,
e digo não, digo não, digo não, não, não...”

Minha Fama de Mau – Erasmo Carlos

“A arte de viver é simplesmente a arte de conviver... Simplesmente, disse eu? Mas como é difícil!”

Mario Quintana

“A vida é a arte do encontro embora haja tanto desencontro pela vida”

Vinicius de Moraes

Capítulo de encerramento

Após tantas ideias, reflexões, sugestões...
O que resta para finalizarmos nossa proposta?
Talvez só mais algumas dicas
divertidas,
sérias,
suaves ou
intensas.
Depende do "olhar" colocado.

Procure uma foto antiga sua, de preferência, quando criança.

O que lhe transmite essa imagem?

Procure observar essa primeira impressão.

Na foto dessa sua criança, o que vê ?

Quais sonhos, ideais, fantasias, expectativas foram (ou não) realizados?

Procure observar o que não aconteceu, e tudo bem.

Talvez não fosse mesmo muito importante.

Procure observar o que pode ainda se concretizar.

Ou o que, pelo menos, ainda desperte o desejo de alcançar.

Trace o caminho, ainda que mentalmente, para esse trajeto.

Vale a pena? Se a resposta for positiva, vá em frente.

Use todas as suas armas, ponha em prática todas suas estratégias.

Imagine quanta energia vai ser liberada!
Isso é VIDA.
A sua vida.
E ela é insubstituível.
Só você pode vivê-la!
Faça seu trajeto,
cuide da sua disposição,
relaxe,
respire fundo e,
FORÇA,
caminhe.

Sempre vai valer a pena!

O orgulho que sentirá por se perceber responsável por si, pelos seus sonhos, fantasias ou qualquer coisa que inspire, que lhe dê alegria e ânimo, já justifica. Aceite o que aparecer. Não se preocupe com o resultado.

A caminhada já faz parte do objetivo.

E ria.
Ria muito.
Alegria é parte.

E ame
Ame muito
Com afagos, beijos e abraços.
Amor é tudo de bom.

Sua alma está aberta e receptiva.

As armadilhas você já conhece, as saídas também.
Portanto, CORAGEM. Ser resiliente é fundamental.

Você pode fazer parte do grupo de pessoas
que tem amor à vida,
à sua própria vida.
E que aceitam o que vier.
Pois sabem que a caminhada é assim.

Estamos na torcida.

Boa sorte!

Beijos carinhosos.

"O amor é um grande laço,
um passo para uma armadilha,
um lobo correndo em círculo
para alimentar a matilha,
comparo sua chegada
com a fuga de uma ilha..."
Faltando um Pedaço – Djavan

"Viver e não ter a vergonha de ser feliz,
cantar e cantar e cantar a alegria de ser um eterno aprendiz.
Eu sei que a vida devia ser bem melhor e será,
mas isso não impede que eu repita:
é bonita, é bonita e é bonita..."
O que é, o que é? – Gonzaguinha

"Toda vez que o Amor disser: vem comigo,
vai sem medo de se arrepender,
você deve acreditar no que eu digo,
pode ir fundo, isso é que é viver..."
Chuva de Prata - Wilson e Bastos

"E que a atitude de recomeçar, é todo dia, toda hora..."
é se respeitar na sua força e fé,
se olhar bem fundo até o dedão do pé..."
Eu queria apenas que você soubesse – Gonzaguinha

"Estou em paz com minha guerra"
Camões

"Se o bem e o mal existem,
você pode escolher,
é preciso saber viver..."
É Preciso Saber Viver – Roberto Carlos

Teste da Bonequinha

(Caderno anexo a este livro)

Agora vamos voltar à infância.

Se você tiver tempo e disposição, pegue emprestados os lápis de cor do seu filho, sobrinho ou vizinho e pinte a bonequinha e suas roupas. Depois, recorte tudo e deixe todas as peças à vista. Se você não quiser ter tanto trabalho, apenas deixe as páginas com as roupinhas à vista ao lado da bonequinha. Será uma atividade bastante gostosa e terapêutica pintar, recortar e brincar com as figuras. Não é uma "perda de tempo", mas um investimento na sua criança interior! Mas, não sendo possível, o jeito é ser flexível, imaginativo e fazer da maneira que dá, não é?

Agora, faça os seguintes testes /exercícios:

1° Exercício – Imagine que você é esta bonequinha. "Vista-se" da maneira que você mais costuma se apresentar no seu dia-a-dia. Observe que tipo de cabelo mais combina com você. Que tipo de blusa mais se assemelha às suas;

que tipo de sapatos você normalmente usa;

que tipo de objetos você leva na bolsa, etc.

Observe a boneca vestida: gostou do resultado final?

Está parecida com você?

Se for preciso, mude algum item para ficar mais próximo de como você se vê.

Atenção: nestes testes/exercícios não há certo ou errado. Quanto mais sincera e honesta você for, mais real será o resultado.

2° Exercício – Imagine-se de novo como sendo a bonequinha. "Vista-se" do modo como você gostaria de estar sempre vestida. Seria o seu ideal. Este ideal está muito longe do seu *look* atual? Como você pode aproximar seu visual de hoje ao seu ideal?

3° Exercício – Se você for uma mulher realmente corajosa, peça para seu companheiro e seus amigos para vestirem a bonequinha como se ela fosse você.

Observe o resultado: Será que o visual ficou parecido com o modo como você se imagina? Quais as diferenças mais marcantes? Por que será que você está passando essa imagem para as pessoas?

Análise do teste/exercício:

No final de cada capítulo, você terá uma pequena descrição dos tópicos que mais combinam com cada tipo de mulher. Geralmente, temos características de vários tipos de mulher. Mas sempre um dos tipos aparece em nossa personalidade com maior ênfase e acabamos reconhecidas como sendo desse tipo. Dificilmente alguém é um tipo "puro" (graças a Deus!) e essa mistura de características é que nos dá um colorido todo especial e nos faz pessoas únicas. Veja com que intensidade você se vê representada com cada um desses tipos.

E, por favor, leve no bom humor!

A ideia é dar uma mãozinha para você se enxergar de uma forma mais realista e ajudá-la a se conhecer melhor e mudar no que for necessário.

Mas sempre de forma suave e bem humorada, ok?

Dica: fotografe a sua produção da bonequinha, coloque a data e guarde. Daqui uns meses, faça o teste novamente e compare os resultados. Observe as mudanças.

Boa diversão!

Assinale o que você leva dentro da sua bolsa:

(   ) documentos pessoais
(   ) documentos da empresa/ do trabalho
(   ) documentos da família (filhos, mãe, pai, avó, etc)
(   ) passaporte
(   ) talões de cheques
cartão de crédito: (   ) 1   (   ) 2   (   ) diversos
(   ) dinheiro (moeda nacional)
(   ) dólares/ euros
cartão de cliente preferencial de: (   ) lojas de grife
(   ) farmácias
(   ) cinemas
(   ) supermercados
cartões de visita: (   ) seus   (   ) de outras pessoas
agenda de bolsa: (   ) 1   (   ) mais de 1
bloquinho de anotações: (   ) 1   (   ) mais de 1

Celulares:

(   ) "básico" , só para falar e receber ligações
(   ) top de linha, com todos recursos tecnológicos de última geração
(   ) pequeno, lindo, com joia encrustada
(   ) qualquer marca , com câmera fotográfica, gravador e filmadora
(   ) forte, à prova de tombos, com joguinhos

Chaves:

(   ) da residência
(   ) da casa de praia / chácara
(   ) da empresa / trabalho
(   ) do carro

( ) do apartamento do namorado
( ) da casa de amigos
( ) do carrinho de compras do prédio
( ) do armário da academia
( ) do armário de medicamentos
( ) da caixa de joias
( ) do diário secreto
( ) "suspeitas", encontradas no bolso do marido

Folders / Propagandas :

( ) de hotéis
( ) de motéis
( ) de congressos / workshops
( ) de centro de estética / cirurgia plástica
( ) de escola de linguas /
( ) de escola de dança de salão
( ) de escola de arte
( ) de escola de culinária
( ) de escolas regulares para crianças
( ) de cursos de pós graduação
( ) clínicas / hospitais / laboratórios
( ) lojas de paisagismo
( ) última coleção de joalheria
( ) loja de cosméticos
( ) loja de eletrodomésticos
( ) loja de informática
( ) loja de brinquedos
( ) de livraria
( ) de aulas de boxe / capoeira / judô

( ) lista de compras de supermercado
( ) lista de compras da farmácia
( ) lista de compras do free shop
( ) lista de presentes para os aniversários dos amigos

( ) orçamento da decoração da sala
( ) orçamento da reforma do quarto das crianças
( ) orçamento do cirurgião plástico
( ) orçamento do buffet infantil
( ) orçamento do open bar para comemorar seu aniversário
( ) orçamento do buffet em domicílio para o aniversário do marido
( ) orçamento do paisagismo do quintal
( ) orçamento da viagem das próximas férias
( ) orçamento da cirurgia de varizes
( ) voucher da última viagem de avião
( ) voucher do último cruzeiro de navio
( ) ingressos para o Teatro Municipal
( ) ingressos para o Hopi Hari
( ) ingressos para o cinema
( ) ingressos para um show musical
( ) convite para o lançamento de um livro
( ) convite para uma festa infantil
( ) convite para um coquetel da empresa
( ) convite para um jantar na casa de amigos
( ) convite para o dia dos namorados num motel
( ) convite para pesquisa de um novo medicamento
( ) convite para pesquisa de um novo modelo de carro
( ) convite para pesquisa de um novo eletrodoméstico
( ) convite para pesquisa de um novo note book
( ) convite para um desfile de modas
( ) convite para um evento no parque
( ) convite para uma vernisage
( ) bilhete amoroso do filho
( ) bilhete amoroso do companheiro
( ) bilhete malcriado do síndico
( ) bilhete desaforado da sogra / cunhada
( ) bilhete com elogios de um desconhecido
( ) bilhete com elogios / incentivos dos amigos
( ) bilhete de um ex-namorado
( ) receita médica
( ) receita médica do pediatra dos filhos

( ) receita do médico veterinário
( ) carteira de vacinação infantil
( ) carteira de vacinação de adulto
( ) carteira de vacinação veterinária
( ) cópia de B.O. do assalto sofrido há 2 anos atrás
( ) cópia de B.O. do acidente de carro
( ) cópia do B.O. da última briga com o parceiro
( ) carta / advertência da orientadora do colégio do filho
( ) notificação de um advogado
( ) receita de um bolo delicioso
( ) receita de um shampoo natural
( ) roteiro do Google para chegar até a casa de uns amigos
( ) recibo do curso de culinária
( ) recibo do passeio do colégio dos filhos
( ) recibo da joalheria
( ) recibo da mensalidade do clube
( ) recibo da inscrição de um passeio ciclístico
( ) recibo da pós graduação
( ) recibo da fábrica de sapatos

Telefones:

( ) do ponto de taxi
( ) da perua escolar
( ) do pediatra
( ) do médico especialista
( ) do veterinário
( ) do hospital mais próximo de casa
( ) do chefe
( ) do personnal trainer
( ) do psicólogo
( ) da orientadora do colégio
( ) do fisioterapeuta
( ) do mecânico do carro
( ) do agente de viagens
( ) da academia

( ) do tarólogo
( ) do vidente
( ) do astrólogo
( ) do detetive
( ) dos amigos
( ) da mãe
( ) do companheiro
( ) da irmã
( ) do salão de beleza
( ) da associação protetora dos animais
( ) da escola de natação
( ) da pós graduação
( ) da loja de produtos naturais
( ) do restaurante japonês
( ) da pizzaria
( ) da secretária do marido
( ) das amigas / colegas do companheiro
( ) "suspeito", não identificado (que você arrancou da agenda do marido)
( ) ticket do supermercado
( ) ticket da farmácia
( ) ticket da cantina italiana
( ) ticket do horti-fruti
( ) ticket do bar / pub / balada
( ) da livraria
( ) do estacionamento

Fotos:

( ) dos filhos / netos / sobrinhos
( ) do amado
( ) do pai / da mãe / dos irmãos
( ) da família reunida
( ) do cão / gato / pet
( ) dos amigos
( ) minha (linda!)

( ) minha com minha melhor amiga
( ) minha com meus amigos
( ) minha com meu amado
( ) minha com o pessoal da empresa
( ) dos meus paizinhos falecidos
( ) da praia paradisíaca
( ) do hotel de N.Y.
( ) do motel maravilhoso

Revistas:

( ) com temas policiais
( ) com temas filosóficos
( ) sobre automóveis e motos
( ) sobre moda / joias / acessórios
( ) de auto-ajuda
( ) de temas religiosos
( ) sobre beleza / plástica
( ) sobre notícias de celebridades
( ) sobre educação de filhos
( ) sobre bares / restaurantes / baladas
( ) sobre economia / finanças / investimentos
( ) sobre esportes
( ) sobre arte / música / cinema / teatro
( ) sobre saúde / medicina
( ) sobre viagens / pousadas / estradas
( ) sobre gastronomia
( ) de contos eróticos
( ) gibi infantil / juvenil

( ) garrafinha de água mineral
( ) garrafinha de whisky
( ) caixinha de água de côco
( ) refrigerante
( ) incenso
( ) baguá

( ) terço
( ) biscoitos
( ) balas
( ) chicletes sem açúcar
( ) pastilha de hortelã
( ) pastilha para tosse
( ) barra de cereais
( ) barra de chocolate
( ) fruta
( ) shake dietético
( ) lupa
( ) mini bichinho de pelúcia
( ) kit com agulha e linha
( ) MP -3 / MP -4 / MP -5
( ) i-pod
( ) netbook
( ) notebook
( ) porta moedas
( ) caixa de lenço de papel
( ) cigarros + isqueiro
( ) óculos de grau para leitura
( ) óculos de sol
( ) caneta Bic
( ) caneta Montblanc
( ) caneta bonita, chique, estilosa
( ) meia calça social
( ) par de meias esportivas
( ) lingerie sexy
( ) camisetão
( ) chapinha / secador de cabelos
( ) estojo de maquiagem
( ) espelho
( ) batom
( ) perfume
( ) lentes de contato com grau
( ) lentes de contato coloridas
( ) creme hidratante para mãos

( ) elástico de cabelo / tiara / presilhas
( ) pente / escova
( ) escova de dentes
( ) lixa de unha / esmalte
( ) par de brincos
( ) guarda chuva
( ) saquinho plástico
( ) papel higiênico

Medicamentos:

( ) para dor de cabeça
( ) para pressão alta
( ) para dor de estomago
( ) moderador de apetite
( ) para diabetes
( ) para febre
( ) para cólica menstrual
( ) para falta de ar
( ) diurético
( ) calmante
( ) anti-depressivo
( ) anti-concepcional
( ) pílula do dia seguinte
( ) para o coração
( ) para ressaca, para o fígado
( ) para insônia
( ) estimulante
( ) merthiolate / mercúrio cromo
( ) camisinhas
( ) termômetro
( ) spray de própolis
( ) álcool gel
( ) homeopatias
( ) florais
( ) band-aid

Espaço para voce completar a lista dos itens de dentro da sua bolsa :

Contato com as autoras

Edmea Ganem
ed.ganem@bol.com.br
(11) 5506-3655

Sylvia Jorge
sylviajorge@hotmail.com
(11) 5103-1820